高职汽车检测与维修技术专业立体化教材

Jiu Jidongche Jianding yu Pinggu

旧机动车鉴定与评估

中国交通教育研究会职业教育分会　组织编写
上海景格科技股份有限公司　技术支持
吴　丹　吴　飞　主　编
张　超　覃晓涓　副主编

人民交通出版社股份有限公司
China Communications Press Co., Ltd.

内 容 提 要

本书是高职汽车检测与维修技术专业立体化教材之一，内容包括：汽车基础知识、旧机动车交易法律、法规，旧机动车技术状况静态检查，旧机动车技术状况动态检查，旧机动车价值估算和旧机动车评估报告及交易。

本书可作为高等职业学校汽车检测与维修技术、汽车运用与维修技术等专业核心课程教材，也可作为汽车服务人员在职培训及汽车爱好者的自学指导书。

图书在版编目（CIP）数据

旧机动车鉴定与评估 / 吴丹，吴飞主编. —北京：
人民交通出版社股份有限公司，2018.7
高职汽车检测与维修技术专业立体化教材
ISBN 978-7-114-14777-7

Ⅰ. ①旧… Ⅱ. ①吴… ②吴 Ⅲ. ①机动车—鉴定—高等职业教育—教材 ②机动车—估价—高等职业教育—教材 Ⅳ. ①F724.76

中国版本图书馆 CIP 数据核字（2018）第 121796 号

书　　名：	旧机动车鉴定与评估
著 作 者：	吴　丹　吴　飞
责任编辑：	戴慧莉
责任校对：	尹　静
责任印制：	张　凯
出版发行：	人民交通出版社股份有限公司
地　　址：	(100011) 北京市朝阳区安定门外外馆斜街 3 号
网　　址：	http://www.ccpress.com.cn
销售电话：	(010)59757973
总 经 销：	人民交通出版社股份有限公司发行部
经　　销：	各地新华书店
印　　刷：	北京市密东印刷有限公司
开　　本：	787×1092　1/16
印　　张：	8.75
字　　数：	191 千
版　　次：	2018 年 7 月　第 1 版
印　　次：	2018 年 7 月　第 1 次印刷
书　　号：	ISBN 978-7-114-14777-7
定　　价：	33.00 元

（有印刷、装订质量问题的图书由本公司负责调换）

高职汽车检测与维修技术专业立体化教材
编 委 会

主　任：魏庆曜

副主任：吴宗保　李　全　解福泉

委　员：陈瑞晶　陈　斌　刘　焰

　　　　高进军　崔选盟　曹登华

　　　　曹向红　官海兵　李　军

　　　　刘存香　缑庆伟　袁　杰

　　　　朱学军

秘　书：钟　湄

前言

《国家中长期教育改革和发展规划纲要(2010—2020年)》的发布,为中国近十年的教育改革和发展提供了明确的前进方向。围绕《纲要》的实施,"适应经济社会发展和科技进步的要求,推进课程改革,加强教材建设,建立健全教材质量监管制度"是职业院校教学改革的重要内容。如何实现教材建设和课程改革相结合,满足学生职业生涯发展和社会经济发展相适应,十分关键。

本套教材以中国交通教育研究会职业教育分会汽车运用工程专业委员会制订的汽车检测与维修技术专业人才培养方案和课程标准为依据,以行业典型工作任务为课程内容参照点,以完整任务为单元组织内容,以任务实施为主要学习方式,满足高职汽车检测与维修技术专业培养技能人才的教学需求,具有以下特点:

1. 学习任务工作化。以任务驱动为导向,按照典型工作任务、完整过程和工作情境设计教学内容。从岗位需求出发,实现教学内容融合工作任务,通过任务实施巩固学习过程,为学生提供全面的学习和培养。

2. 教学内容专业化。在中国交通教育研究会职业教育分会汽车运用工程专业委员会的指导下,组织教育专家设计、行业专家指导、技术专家和院校教学专家团队编写,保证了教学理念的先进性及教材内容的专业性。

3. 教材形式立体化。以"高职汽车检测与维修技术专业资源库"为支撑,资源库中含有丰富的动画、视频、优秀图书、论文、知识拓展等素材资源,教材中的相关知识点附近配有二维码。扫码可观看动画或视频资源,使课程更加形象化、情景化、动态化、生活化。

4. 课程内容全面化。课程全面覆盖各层次学生学习需求,不仅涵盖重要知识内容和关键操作步骤,而且配套资源库中推荐众多优秀图书、论文、知识拓展链接,为各层次学生精选、设计匹配学习方法,丰富学习渠道,满足学生多种场景学习要求。

5. 教学形式信息化。课程采用教材与网络资源库同步呈现模式,实现网络云端数据访问,教学素材实时更新,满足各院校信息化教学需求。

6. 教学质量可视化。课程不仅设计有全面的考核项目和海量题库,同时配套景格云立方教学管理平台,实现教学全过程信息化管理,有效地把控教学效果。

本套教材是中国交通教育研究会职业教育分会汽车运用工程专业委员会组织,四川交通职业技术学院、广西交通职业技术学院、天津交通职业学院、广东交通职业技术学院、湖北交通职业技术学院、江西交通职业技术学院、陕西交通职业技术学院、北京交通运输职业学院、河南交通职业技术学院(院校排名不分先后)及上海景格科技股份有限公司深度合作,在行业专家、教学专家的指导下共同开发的"汽车类专业教学资源库"配套教材。希望通过本套教材的使用,使学生能够学到扎实的基础知识、练就娴熟的专业技能、掌握实践操作经验,让学生决胜于职场,创造出一个美好的未来。

《旧机动车鉴定与评估》是本套教材中的一本,与传统同类教材相比,本书充分考虑了我国目前汽车行业、二手车市场的现状以及高等职业教育的特点,系统地介绍了二手车鉴定与评估工作中需要储备的汽车基础知识、资产评估知识、价值估算知识等,按照二手车鉴定评估师岗位需求,结合知识的基础性、职业的实践性、技能的实用性、实施的工作性,基于工作过程编写而成。

本书的编写分工为:广西交通职业技术学院的吴飞、张超编写了学习任务一,广西交通职业技术学院的梁志宇、罗海英编写了学习任务二,广西交通职业技术学院的朱科宾、王杰身编写了学习任务三,广西交通职业技术学院的雷艺、吴丹编写了学习任务四,广西交通职业技术学院的覃晓涓、林明松编写了学习任务五,广西交通职业技术学院的陶勇、覃炳露、张露尹编写了学习任务六。全书由吴丹、吴飞担任主编,由张超、覃晓涓担任副主编。

在本书的编写过程中,编者参阅了大量国内外文献,文献引述已尽量予以标注,但难免存在疏漏,在此对各文献作者一并致谢!

由于编者水平有限,加上时间仓促,书中疏漏与不妥之处在所难免,敬请有关专家和读者批评指正。

编委会

2018 年 1 月

目 录

学习任务一　汽车基础知识 1
子任务1　汽车车型的分类 1
子任务2　汽车标志认识及铭牌信息 9
子任务3　汽车主要技术参数和性能指标 15
子任务4　汽车基本构造原理 20
子任务5　汽车使用寿命 31

学习任务二　旧机动车交易法律、法规 34
子任务1　旧机动车交易类型与旧机动车交易管理办法 34
子任务2　汽车报废标准 42

学习任务三　旧机动车技术状况静态检查 48
子任务1　识伪检查 48
子任务2　外观检查 52

学习任务四　旧机动车技术状况动态检查 62

学习任务五　旧机动车价值估算 78
子任务1　现行市价法 79
子任务2　重置成本法 90
子任务3　收益现值法 97
子任务4　处置清算法 102

学习任务六　旧机动车评估报告及交易 107
子任务1　旧机动车鉴定评估报告基础知识 107
子任务2　撰写旧机动车鉴定评估报告 114
子任务3　旧机动车交易 126

参考文献 132

学习任务一　汽车基础知识

 任务概述

　　汽车自19世纪末诞生以来，已经走过了风风雨雨的100多年。从卡尔·本茨造出的第一辆三轮汽车18km/h的速度，到当前已经诞生了速度从0加速到100km/h只需要3s多一点的超级跑车，百年来，汽车技术发展的速度是如此惊人。

　　同时，汽车工业品牌层出不穷，出现了奔驰、大众、通用、福特、丰田、本田这样一些在各国经济中举足轻重的著名公司。本学习任务中我们将一起学习汽车的分类、世界汽车工业的发展，各个品牌的汽车以及汽车各种参数所代表的含义。

 主要学习任务

1. 汽车车型的分类
2. 汽车标志认识及铭牌信息
3. 汽车主要技术参数和性能指标
4. 汽车基本构造原理
5. 汽车使用寿命

子任务1　汽车车型的分类

 **任务描述**

　　在旧机动车评估时，需要了解车辆的分类信息，评估人员掌握汽车的分类信息能够了解分析客户的需求，根据客户的需求做出合适的判断。

学习目标

(1) 能够描述我国汽车的分类方法。
(2) 能对比分析各驱动方式对汽车性能的影响。
(3) 能够描述各车型的分类方法。
建议学时:2学时。

知识准备

机动车主要指由动力装置驱动或牵引,上道路行驶的供人员乘用或用于运送物品以及进行工程专项作业的轮式车辆,包括汽车及汽车列车、摩托车、拖拉机运输机组、轮式专用机械车、挂车。

而汽车则是由动力驱动、具有四个或四个以上车轮的非轨道承载的车辆,包括与电力线相连的车辆(如无轨电车),主要用于:载运人员和/或货物(物品);牵引载运货物(物品)的车辆或特殊用途的车辆;专项作业。

汽车还包括由动力驱动、非轨道承载的三轮车辆。

一、国标对汽车的分类

根据国家标准《机动车运行安全技术条件》(GB 7258—2017)对汽车进行分类,如图1-1所示。汽车分为载客汽车、专项作业车和载货汽车三大类。

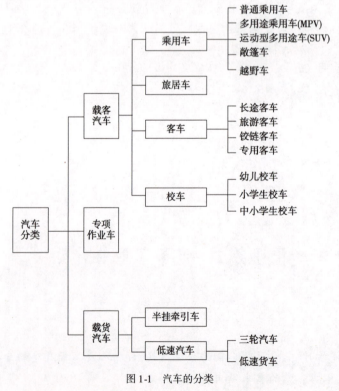

图1-1 汽车的分类

1. 载客汽车

设计和制造上主要用于载运人员的汽车,包括装置有专用设备或器具但以载运人员为主要目的的汽车。载客汽车又可以细分为乘用车、旅居车、客车、校车。

1)乘用车

设计和制造上主要用于载运乘客及其随身行李和/或临时物品的汽车,包括驾驶人座位在内最多不超过9个座位。它可以装置一定的专用设备或器具,也可以牵引一辆中置轴挂车。

2)旅居车

装备有睡具(可由桌椅转换而来)及其他必要的生活设施、用于旅行宿营的汽车。

3)客车

设计和制造上主要用于载运乘客及其随身行李的汽车,包括驾驶人座位在内座位数超过9个。根据是否设置有站立乘客区,分为未设置乘客站立区的客车和设有乘客站立区的客车。

4)校车

用于有组织地接送3周岁以上学龄前幼儿或接受义务教育的学生上下学的7座以上的载客汽车。

2. 专项作业车

装置有专用设备或器具,在设计和制造上用于工程专项(包括卫生医疗)作业的汽车,如汽车起重机、消防车、混凝土泵车、清障车、高空作业车、扫路车、吸污车、钻机车、仪器车、检测车、监测车、电源车、通信车、电视车、采血车、医疗车、体检医疗车等,但不包括装置有专用设备或器具而座位数(包括驾驶人座位)超过9个的汽车(消防车除外)。

3. 载货汽车

货车是设计和制造上主要用于载运货物或牵引挂车的汽车,也包括:

①装置有专用设备或器具但以载运货物为主要目的的汽车;

②由非封闭式货车改装的,虽装置有专用设备或器具,但不属于专项作业车的汽车。

注:封闭式货车是指载货部位的结构为封闭厢体且与驾驶室联成一体,车身结构为一厢式或两厢式的载货汽车。

1)半挂牵引车

装备有特殊装置用于牵引半挂车的汽车。

2)低速汽车

三轮汽车和低速货车的总称。

(1)三轮汽车。最大设计车速小于或等于50km/h 的,具有三个车轮的载货汽车。

(2)低速货车。最大设计车速小于70km/h 的,具有四个车轮的载货汽车。

二、我国生活中对汽车的分类

除了国家标准对汽车类型做出权威和科学的分类定义外,由于长期的历史原因,形成了许多生活中对汽车不同的分类,主要有按用途分类、按动力装置类型分类、按驱动方式分类和按乘用车封闭空间数量分类。

1. 按用途分类

汽车按用途可分为普通运输汽车、专用汽车和特殊用途汽车。

1)普通运输汽车

(1)乘用车:用于载送人员(2~9人)及其随身物品且座位布置在两轴之间的车辆。按照乘用车的排量可分为微型轿车、轻型轿车、中级轿车、中高级轿车和高级轿车,见表1-1。

按排量轿车分类　　　　表1-1

类别	发动机排量(L)	类别	发动机排量(L)
微型轿车	1以下	中高级轿车	2.5~4
轻型轿车	1~1.6	高级轿车	4
中级轿车	1.6~2.5		

(2)客车:设计和制造上主要用于载运乘客及其随身行李的汽车,包括驾驶人座位在内座位数超过9个。根据是否设置有站立乘客区,分为未设置乘客站立区的客车和设有乘客站立区的客车。客车按照长度可划分为:微型客车、小型客车、中型客车和大型客车,如图1-2所示。

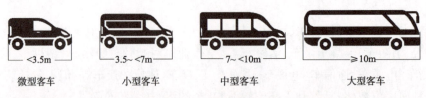

图1-2 客车的划分

(3)货车:设计和制造上主要用于载运货物或牵引挂车的汽车。

2)专项作业车

装置有专用设备或器具,在设计和制造上用于工程专项(包括卫生医疗)作业的汽车,其包括作业型专项作业车和运输型转向作业车。

(1)作业型专项作业车,指在汽车上安装各种特殊设备进行特定作业的汽车,包括救护车、消防车、环卫车、电视转播车、机场作业车、市政建设工程作业车等,如图1-3所示。

图1-3 作业型专项作业车

(2)运输型专项作业车,指车身经过改装,用来运输专门货物的汽车,包括垃圾运输车、冷藏车厢货车、运输沙土的自卸汽车、混凝土运输车、罐车,此外,还有挂车、半挂车、集装箱货车等,如图1-4所示。

散装水泥车　　　　　　　　　自卸汽车

图 1-4　运输型专项作业车

3）特殊用途汽车

（1）竞赛汽车：F1 方程式赛车等，如图 1-5 所示。

（2）娱乐汽车：海滩游乐汽车，房车、高尔夫球场专用车等，如图 1-6 所示。

图 1-5　F1 方程式赛车　　　　　　　　图 1-6　海滩娱乐汽车

2. 按动力装置分类

汽车按照动力装置类型可分为：活塞式内燃机汽车、纯电动汽车、混合动力汽车和太阳能汽车等。

1）活塞式内燃机汽车

此类汽车发动机使用的是内燃机，往复式内燃机运动要通过曲轴连杆机构或凸轮机构、摆盘机构、摇臂机构等，转换为功率输出轴的转动。目前绝大部分的汽车都属于内燃机汽车。

2）纯电动汽车

由电机驱动，且驱动电能来源于车载可充电能量储存系统（REESS）的汽车。

3）混合动力汽车

混合动力汽车（Hybrid Electric Vehicle，HEV）是指车辆驱动系由两个或多个能同时运转的单个驱动系联合组成的车辆，车辆的行驶功率依据实际的车辆行驶状态由单个驱动系单独或共同提供。因各个组成部件、布置方式和控制策略的不同，形成了多种分类形式。

混合动力汽车多半采用传统的内燃机和电动机作为动力源，通过混合使用热能和电力两套系统开动汽车。也有的发动机经过改造使用其他替代燃料，例如压缩天然气、丙烷和乙醇燃料等。使用的蓄电池有铅酸蓄电池、镍锰氢蓄电池和锂蓄电池，将来应该还能使用氢燃料电池。

4）太阳能汽车

太阳能汽车是以太阳能为动力源的汽车，这种车辆上装有太阳能吸收装置和光电转换装置。目前,太阳能汽车尚处于试验阶段。

3. 按驱动方式分类

驱动方式是指发动机的布置方式以及驱动轮的数量、位置的形式;可分为前置前驱、前置后驱、前置四驱、后置后驱、中置后驱等,见表1-2。

汽车按驱动方式分类　　　　　　　　　　　　　　　表1-2

分类	简称	使用车型	特点	示意图
前置前驱	FF	小型客车	直线行驶稳定性非常好,动力损耗较小。高速制动下沉,转弯半径较大	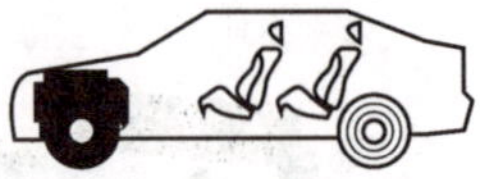
前置后驱	FR	高级豪华客车	拥有较佳的操控性能和行驶稳定性	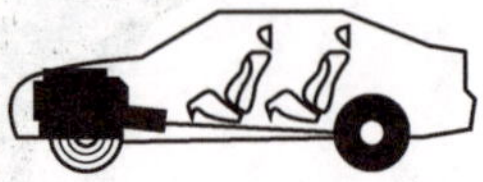
前置四驱	4WD	越野车	行驶稳定,越野性能好	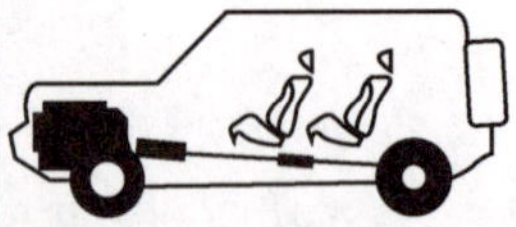
后置后驱	RR	跑车	起步加速性能好	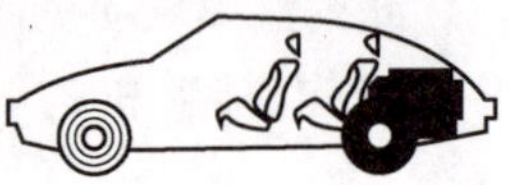
中置后驱	MR	高级跑车	转向灵敏准确,制动时不会出现头沉尾翘。直线行驶稳定性较差,空间小	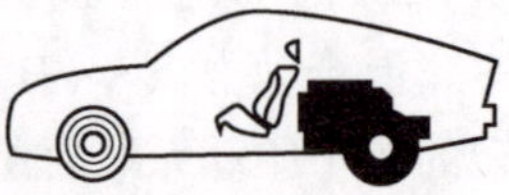

4. 按封闭空间数量分类

按乘用车封闭空间的数量可分为:两厢车和三厢车,如图1-7所示。两厢车的行李舱没有突出车体,实际上乘员舱和行李舱是一体的,只是借助后排座椅等分隔开。三厢车的发动机舱、乘员舱、行李舱全部被分隔开,并且是固定不可逆转的。

图 1-7 两厢、三厢轿车对比

三、国外汽车的分类

1. 德国的汽车分类规则

德国的汽车分类标准中主要级别为 A00、A0、A、B、C、D 等,见表 1-3。

德国汽车级别　　　　　　　　　　表 1-3

级别	轴距(m)	排量(L)	类别	常见车型
A00	2~2.2	<1	微型车	Smart、QQ、spark、熊猫、奥拓等
A0	2.3~2.45	1~1.6	微型车	POLO、威驰、飞度、爱唯欧等
A	2.45~2.65	1.6~2.0	小型车	宝来、高尔夫、卡罗拉、速腾、骐达等
B	2.6~2.75	1.8~2.4	中档车	帕萨特、迈腾、奥迪A4、凯美瑞、雅阁等
C	2.7~2.8	2~3.0	高档车	奥迪A6、奔驰E级、宝马5系等
D	>2.8	>3.0	豪华车	奥迪A8、奔驰S级、宝马7系等

2. 美国的汽车分类规则

美国的汽车分类规则如下。

(1) Mini 级:一般指 1L 以下汽车。

(2) Small 级:一般是 1.0~1.3L,处于我国普通汽车级别的低端。

(3) Low-med 级:一般是 1.3~1.6L 汽车。

(4) Inter-med 级:和德国的低端 B 级车基本吻合。

(5) pp-med 级:涵盖 B 级车的高端和 C 级车的低端。

(6) Large/Lux 级:和国内的高级车相对应,涵盖 C 级车的高端和 D 级车。

操作指引

1. 组织方式

(1) 场地设施:实训室。

(2) 设备设施:实训室所有车辆。

2. 操作要求

(1) 穿着干净整齐的工作服。

(2) 遵守场地安全规定,注意用电安全。

 任务实施

(1) 按照德国的汽车分类标准,划分实训室中的车辆属于什么类型?填写表1-4。

车 辆 分 类　　　　　　　　　　　　　　　表1-4

汽车车型	级别					
	A00	A0	A	B	C	D

(2) 目前市场上销售的纯电动车的车型有哪些?填写表1-5。

纯电动车型列表　　　　　　　　　　　　　　　表1-5

序 号	品 牌	车 型	价 格

(3) 查找资料,对两厢车和三厢车的优缺点进行比较。

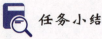

(1) 汽车分为载客汽车、专项作业车和载货汽车三大类。

(2) 按驱动方式不同,汽车可分为前置前驱、前置后驱、前置四驱、后置后驱、中置后驱。

(3) 按乘用车封闭空间的数量不同,汽车可分为三厢汽车和两厢汽车。

(4) 德国的汽车分类标准将汽车分为 A00、A0、A、B、C、D 等级别。

子任务2 汽车标志认识及铭牌信息

 **任务描述**

汽车的品牌和标识对旧机动车的价格有很大的影响,在对旧机动车进行评估的过程中,汽车品牌和标识对车辆的价格有较大的影响。评估人员掌握这些信息才能对车辆进行准确的评估。

 **学习目标**

(1)能够识别世界上著名汽车生产厂家的车标。
(2)能够描述世界著名汽车集团的所属国家和包含的汽车品牌。
(3)能够看懂汽车铭牌及VIN码中所包含的含义。
建议学时:2学时。

 知识准备

一、汽车标志认识

车辆标志是证明车辆品牌身份的重要标志之一,是认识车辆、识别车辆的首要途径和常用手段,也是对车辆性能及年代历史辨别的主要参考依据之一。国际标准对整车标志的定义是:机动车在车身前部外表的易见部位上应该至少装置一个能永久保持的商标和厂标。

按照品牌归属地可以划分为:欧洲品牌、美洲品牌、日韩品牌、中国品牌。

1. 欧洲著名汽车品牌标志

欧洲著名汽车品牌标志见表1-6。

欧洲著名汽车品牌标志　　　　表1-6

奔驰	宝马	大众	保时捷	奥迪
精灵	雷诺	标志	雪铁龙	迷你

续上表

2. 美洲著名汽车品牌标志

美洲著名汽车品牌标志见表1-7。

美洲著名汽车品牌　　　　　　　　　　　　　表1-7

3. 日韩著名汽车品牌标志

日韩著名汽车品牌标志见表1-8。

日韩著名汽车品牌　　　　　　　　　　　　　表1-8

续上表

讴歌	英菲尼迪	马自达	三菱
铃木	斯巴鲁	现代	起亚

4. 国产汽车品牌标志

国产汽车品牌标志见表1-9。

国产汽车品牌　　　　　表1-9

一汽	红旗	东风	荣威
北汽	传祺	奇瑞	名爵
江淮	中华	吉利	长安
海南马自达	五菱	哈弗	启辰

二、汽车车辆识别代号（VIN 码）

1. VIN 码的含义

VIN 是英文 Vehicle Identification Number（车辆识别码）的缩写。由 17 位字符组成，所以俗称 17 位码，由一组字母和阿拉伯数字组成（注：不包含 I、O、Q 3 个英文字母）。它包含了车辆的生产厂家、年代、车型、车身形式及代码、发动机代码及组装地点等信息。

VIN 码又称为"汽车身份证"，装贴在汽车的不同部位。常见位置有：仪表板左侧、前横梁、行李舱内、悬架支架上、纵梁上、翼子板内侧及直接标注在车辆铭牌上。如图 1-8 所示，前风窗玻璃左下方，观察者不需移动任一部件，从车外即可分辨出车辆识别代号。

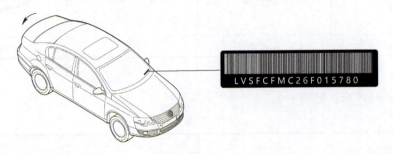

图 1-8　VIN 码的常见位置

2. VIN 码的组成

VIN 码由 3 个部分组成：第一部分，世界制造厂识别代号（WMI）；第二部分，车辆说明部分（VDS）；第三部分，车辆指示部分（VIS），如图 1-9 所示。

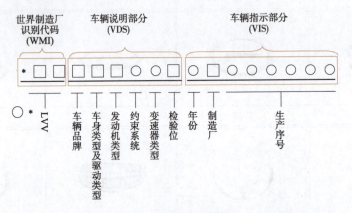

图 1-9　VIN 码组成示意图

下面以 VIN 码为 LGBC1AE063R000814 风神蓝鸟车为例具体说明。

（1）第一部分：世界制造厂识别代号（WMI）。必须经过申请、批准和备案后方能使用。第一位字码是标明一个地理区域的字母或数字；第二位字码是标明一个特定地区内的一个国家或地区的字母或数字；第三位字码是标明某个特定的制造厂的字母或数字。第一、二、三位字码的组合能保证制造厂识别标志的唯一性。例子 LGB 代表东风汽车公司。

（2）第二部分：车辆说明部分（VDS），由六位字码组成，如果制造厂不用其中的一位或几位字码,应在该位置填入制造厂选定的字母或数字占位。此部分应能识别车辆的一般特性,其代号顺序由制造厂决定。

(3)第三部分:车辆指示部分(VIS),由八位字码组成,其最后四位字码应是数字。例中的第十至十七位分别表示:

第十位表示年份,车型年份即厂家规定的型年(Model Year),不一定是实际生产的年份,但一般与实际生产的年份之差不超过1年,3为2003年款。车型年份对应的代码见表1-10。

车型年份对应代码　　　　　　　　　　　　　　　表1-10

年份	代码	年份	代码	年份	代码	年份	代码
2001	1	2006	6	2011	B	2016	G
2002	2	2007	7	2012	C	2017	H
2003	3	2008	8	2013	D	2018	J
2004	4	2009	9	2014	E	2019	K
2005	5	2010	A	2015	F	2020	L

3. VIN码的应用

(1)车辆管理:登记注册、信息化管理。

(2)车辆检测:年检和排放检测。

(3)车辆防盗:识别车辆,结合GPS建立盗抢数据库。

(4)车辆维修:诊断、电脑匹配、配件订购、客户关系管理。

(5)旧机动车交易:查询车辆历史信息。

(6)汽车召回:年代、车型、批次和数量。

(7)车辆保险:保险登记、理赔、浮动费率的信息查询。

三、国产汽车编号规则

汽车型号应能表明汽车的厂牌、类型和主要特征参数等。根据国家标准规定,国家汽车型号均应由汉语拼音字母和阿拉伯数字组成,如图1-10所示。

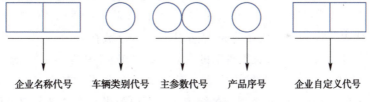

图1-10　国产汽车编号规则

汽车型号包括以下3部分。

1. 首部

由2个或3个汉语拼音字母组成,是识别企业名称的代号。例如CA代表第一汽车制造厂,EQ 代表第二汽车制造厂等。

2. 中部

由 4 位阿拉伯数字组成。左起首位数字表示车辆类别代号,中间两位数字表示汽车的主要特征参数,最末位是由企业自定的产品序号,见表 1-11。

汽车型号中数字含义对照表　　　　　　表 1-11

首位数字表示车辆类型		中间两位数表示各类汽车主要特征参数	末位数字表示
载货汽车	1	表示汽车的总质量(t)*数值	企业自定产品序号
越野汽车	2		
自卸汽车	3		
牵引汽车	4		
专用汽车	5		

3. 尾部

分为两部分,前部由汉语拼音字母组成,表示专用汽车分类代号,例如 X 表示厢式汽车,G 表示罐式汽车等;后部是企业自定义代号,可用汉语拼音字母或阿拉伯数字表示。

基本型汽车的编号一般没有尾部,其变型车(例如采用不同的发动机、加长轴距、双排座驾驶室等)为了与基本型区别,常在尾部加 A、B、C 等企业自定代号。

四、国外汽车型号

1. 奥迪汽车型号

大部分奥迪汽车的型号是用公司英文(Audi)的第一个字母"A"打头,如奥迪 A2、A3、A4、A6、A8 系列等。后面的数字越大表示等级越高:A2、A3 系列是小型轿车;A4 系列是中级轿车;A6 系列是高级轿车;A8 系列是豪华轿车(目前 A8 是奥迪最高档的轿车)。

除了以 A 字打头的轿车外,奥迪还有 S 系列和 TI 系列:S 系列多是高性能车型,但并非是越野车,主要有 S3、S6 及 S8 等;TT 系列则全部是跑车。

2. 奔驰汽车型号

梅塞德斯-奔驰(Mercedes-Benz)汽车公司是德国一家专门生产豪华轿车的公司。从 1994 年开始,该公司简化了轿车命名,新的命名方法把所有轿车都分为三个等级,这 3 个等级分别是:"C"代表紧凑型轿车;"E"代表中等尺寸,官员乘坐的轿车;"S"代表最大型、最豪华的轿车,并将代表等级的字母放在前面,表示排量的数字放在后边。

过去的命名方法有许多令人难以理解的内容,如"300SE"中的"300"代表发动机排量为 3.0L,"S"代表 S 级的轿车,"E"是德语中表示燃油喷射的意思。"300SE"型车在 1992 年换用了排量为 3.2L 的发动机,但从该车的名称中却没有反映出来。奔驰公司生产的装有汽油发动机的轿车,发动机上都有燃油喷射系统,所以再用"E"表示就没有多大的意义了。另外,"S"的含义也不单一,如"SL"代表双人座敞篷跑车,这里的"S"就不代表轿车的等级了。所以原先的装有汽油发动机的中档轿车"300E",改名为"E300",而大型"S"的"300SE"则改名为"S320",表示此车安装了 3.2L 的发动机。

奔驰的命名方法还把车型中的其他字母去掉,如"CE"两门轿车和"SEC"S级两门轿车。但"SL"双人座跑车还继续使用,如"SL500"。装有柴油机的轿车,原先用字母"D"表示,如"300D"型轿车,新方法改用"Diesel"这个词来表示,如"300Diesel"。

1. 组织方式

(1)场地设施:实训室。

(2)设备设施:实训室所有车辆。

2. 操作要求

(1)穿着干净整齐的工作服。

(2)遵守场地安全规定,注意用电安全。

找出实训室 5 辆不同品牌轿车的 VIN 码,并填写表1-12。

汽车 VIN 码填写表　　　　　表1-12

序号	车型名称	所属品牌	VIN 码	生产厂家	年份
1					
2					
3					
4					
5					

(1)世界著名汽车公司的汽车标志及其含义。

(2)中国自主汽车品牌的汽车标志及其产地。

(3)汽车型号、车辆识别代码编制规则。会识别企业名称代号,会识别车辆类别代号,1~3位(WMI)世界制造商识别代码,表明车辆是由谁生产的。第10位表示厂家规定的型年,不一定是实际生产的年份,但一般与实际生产的年份只差不超过1年。

子任务3　汽车主要技术参数和性能指标

汽车的主要技术参数和性能指标是衡量一辆汽车性能的重要指标,尤其是动力性和燃

油经济性,在对旧机动车鉴定中起到至关重要的作用。

 学习目标

(1)能够描述汽车的主要技术参数。

(2)能够从动力性、燃油经济性、制动性、操纵稳定性、行驶平顺性、环保性等方面对旧机动车进行简单的测评。

建议学时:4学时。

 知识准备

一、汽车的主要技术参数

1. 尺寸参数

长、宽、高、轴距、轮距、前悬、后悬、最小离地间隙、接近角、离去角、转弯半径等。

(1)车身规格参数,如图1-11所示。

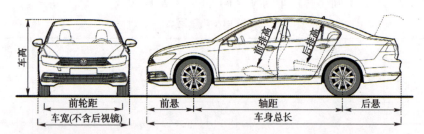

图1-11 车身规格参数

(2)通过性参数,如图1-12所示。

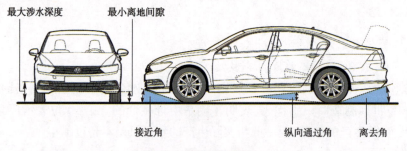

图1-12 汽车通过性参数

2. 质量参数

(1)轴荷:轴荷是指汽车满载时各车轴对地面的垂直载荷。

(2)汽车总质量:汽车总质量是指装备齐全时的汽车自身质量与按规定装满客(包括驾驶员)、货时的载质量之和,也称满载质量。

即　　　　　　　　总质量 = 自身质量(整备质量) + 载质量

(3)载质量:汽车载质量是指在硬质良好路面上行驶时所允许的额定载质量。

二、汽车的主要性能与评价指标

汽车的主要性能和评价指标包括：动力性、燃油经济性、制动性、操纵稳定性、行驶平顺性、环保性等。

1. 汽车的动力性

汽车的动力性可用最高车速、加速能力、爬坡能力3个指标来评定。

(1) 汽车的最高车速是指汽车满载时，在平直良好的路面上（水泥路面和沥青路面）所能达到的最高行驶速度。

(2) 汽车的加速能力。包括原地起步加速时间和超车加速时间。加速时间越短，汽车加速性能就越好。起步加速能力常用从0加速到100km/h所需要的时间(s)来表示；超车加速能力常用从48km/h加速到112km/h所需的时间(s)来评价。

(3) 汽车的爬坡能力是指汽车满载时，在良好的路面上以最低前进挡所能爬行的最大坡度（货车为30%，即16.7°；越野车为60%，即30.9°左右）。

2. 汽车的燃油经济性

我国和欧洲都用行驶100km消耗的燃油量(L)来表示，即L/100 km；

等速油耗：汽车在无坡度的路上以等速行驶时的油耗为等速百公里油耗。

由于等速油耗与实际行驶情况有很大差别，实际上不能全面地评定汽车的燃油经济性。一般都采用循环油耗来评定汽车的燃油经济性。循环油耗是指在一段指定的典型路段内汽车以设定的不同工况行驶时的油耗，起码要规定等速、加速和减速3种工况，复杂的还要计入起动和怠速停驶等多种工况，然后折算成百公里油耗。一般而言，求得的循环油耗还要与等速百公里（指定车速）油耗加权平均取得综合油耗，以便更科学地评价汽车的燃油经济性。

3. 汽车的制动性

汽车的制动性主要由制动效能、制动抗热衰退性能和制动时汽车的方向稳定性3个方面来评价。

(1) 制动效能：是指汽车迅速降低行驶速度直至停车的能力。制动效能是制动性能最基本的评价指标，它是由一定初速度下的制动距离、制动减速度和制动时间来评定。

(2) 制动抗热衰退性：是指汽车高速制动、短时间多次重复制动或下长坡连续制动时制动效能的热稳定性。

(3) 制动时汽车的方向稳定性：是指汽车在制动时按指定轨迹行驶的能力，即不发生跑偏、侧滑或失去转向的能力。

通常规定一定宽度的试验通道，制动稳定性良好的汽车，在试验时不允许产生不可控制的效能使它偏离这条通道。

4. 汽车的操纵稳定性

汽车的操纵稳定性包含着互相联系的两部分内容，一个是操纵性，一个是稳定性。稳定性是指汽车受到外界扰动（路面扰动或突然阵风扰动）后，能自行尽快地恢复正常行驶状态和方向，而不发生失控，以及抵抗倾覆、侧滑的能力。

5. 汽车的行驶平顺性

汽车行驶时,对路面不平度的隔振特性,称为汽车的行驶平顺性。路面不平度达到一定程度时,将使乘客感到不舒适和疲劳,或是运载的货物损坏。路面不平度激起的振动引起的附加动载荷将加速有关零件的磨损,缩短汽车的使用寿命。车轮载荷的波动会影响车轮与地面之间的附着性能,关系到汽车的操纵稳定性。

汽车的振动随行驶速度的提高而加剧。在汽车的使用过程中,常因车身的强烈振动而限制了行驶速度的发挥。

6. 汽车的排放污染物

汽车排放污染主要有3个排放源:一是由发动机排气管排出的燃料燃烧后的废气;二是曲轴箱排放物;三是燃料蒸发排放物。

汽车排放是指从废气中排出的CO(一氧化碳)、$HC+NO_x$(碳氢化合物和氮氧化物)、PM(微粒、炭烟)等有害气体。我国规定从2010年7月1日起,正式实施欧洲Ⅳ号标准。因此在选择旧机动车时,应该尽量购买符合欧Ⅳ排放标准的汽车。

7. 汽车的噪声

按照噪声产生的过程,汽车噪声源大致可分为:与发动机转速有关的声源和与车速有关的声源。

(1)发动机噪声:车辆发动机是噪声的一个来源,它的噪声产生是随着发动机转速的不同而不同(主要通过:前翼子板、发动机舱盖、挡火墙、排气管产生和传递)。

(2)路噪:路噪是车辆高速行驶的时候,风切入形成的噪声及行驶带动底盘振动产生的噪声,还有路上沙石冲击车底盘也会产生噪声,这些是路噪的主要原因(主要通过:四车门、行李舱、前翼子板、前轮弧产生和传递)。

(3)胎噪:胎噪是车辆在高速行驶时,轮胎与路面摩擦所产生的噪声,视路况、车况来决定胎噪的大小,路况越差胎噪越大,另外沥青路面与混凝土路面所产生的胎躁有很大区别(主要通过:四车门、行李舱、前翼子板、前轮弧产生和传递)。

(4)风噪:风噪是指汽车在高速行驶的过程中迎面而来的风的压力已超过车门的密封阻力进入车内而产生的噪声,行驶速度越快,风噪越大(主要通过:四门密封间隙、包括整体薄钢板产生和传递)。

(5)共鸣噪和其他:车体本身就像是一个箱体,而声音本身就有折射和重叠的性质,当声音传入车内时,如没有吸音和隔音材料来吸收和阻隔,噪声就会不断折射和重叠,形成共鸣噪声(主要通过噪声进入车内,叠加、反射产生)。

操作指引

1. 组织方式

(1)场地设施:实训室。

(2)设备设施:实训室所有车辆。

2. 操作要求

(1)穿着干净整齐的工作服。

(2)遵守场地安全规定,注意用电安全。

 任务实施

参考表1-13查找资料,列出以下两款轿车的主要技术参数和性能指标。

基本参数与性能指标　　　　　　　　　　　　表1-13

序　号	参数名称	君威2014款2.0TGS版	迈腾2015款2.0TSI旗舰型
基　本　参　数			
1	厂商		
2	级别		
3	发动机排量(功率)		
4	变速器型号		
5	长×宽×高(mm×mm×mm)		
6	车身结构		
7	最高车速(km/h)		
8	工信部综合油耗(L/100km)		
9	轴距(mm)		
10	最小离地间隙(mm)		
11	整备质量(kg)		
12	环保标准		
发　动　机　参　数			
13	发动机型号		
14	排量(L)		
15	进气形式		
16	汽缸排列形式		
17	汽缸数(个)		
18	压缩比		
19	最大功率[kW/(r/min)]		
20	最大转矩[N·m/(r/min)]		
21	燃料形式		
底　盘　参　数			
22	变速器		
23	挡位个数		
24	变速器类型		
25	驱动方式		

续上表

序　号	参数名称	君威2014款2.0TGS版	迈腾2015款2.0TSI旗舰型
底盘参数			
26	转向助力类型		
27	前制动器类型		
28	后制动器类型		
29	驻车制动类型		
30	前轮胎规格		
31	后轮胎规格		
32	备胎规格		

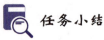 任务小结

（1）汽车的主要技术参数包括车长、宽、高、轴距、轮距、前悬、后悬、最小离地间隙、接近角、离去角和最小转弯半径等。

（2）汽车的主要性能和评价指标包括：动力性、燃油经济性、制动性、操纵稳定性、行驶平顺性、环保性等。

子任务4　汽车基本构造原理

 任务描述

现代汽车是由多个装置和机构组成，不同型号、不同类型及不同厂家的汽车基本构造都是由动力装置、底盘、电器设备和车身4部分组成。汽车基本构造的维护状况是旧机动车评估的重要依据。

 学习目标

（1）能够描述汽车的基本构造和作用。
（2）能够从动力装置、底盘、电器设备等方面对旧机动车进行简单的测评。
（3）能够描述新能源汽车的种类和它们之间的区别。
建议学时：4学时。

 知识准备

汽车是主要借助自身动力装置驱动，且具有4个或4个以上车轮的非轨道无架线车辆。传统汽车一般由发动机、底盘、车身和电气设备等4个基本部分组成。

一、发动机

发动机主要由两大机构和五大系统组成;两大机构分别是曲柄连杆机构和配气机构,五大系统分别是燃料供给系、润滑系、冷却系、点火系和起动系。

1. 曲柄连杆机构

曲柄连杆机构是发动机实现工作循环,完成能量转换的主要运动零件。它由机体组、活塞连杆组和曲轴飞轮组等组成,如图1-13所示。在做功行程中,活塞承受燃气压力在汽缸内做直线运动,通过连杆转换成曲轴的旋转运动,并从曲轴对外输出动力。而在进气、压缩和排气行程中,飞轮释放能量又把曲轴的旋转运动转化成活塞的直线运动。

图1-13 曲柄连杆机构

曲柄连杆机构工作原理

2. 配气机构

配气机构的功用是根据发动机的工作顺序和工作过程,定时开启和关闭进气门和排气门,使可燃混合气或空气进入汽缸,并使废气从汽缸内排出,实现换气过程。配气机构大多采用顶置气门式配气机构,一般由气门组、气门传动组和气门驱动组组成,如图1-14所示。

图1-14 配气机构

配气机构功用

3. 燃料供给系统

汽油机燃料供给系统的功用是根据发动机的要求,配制出一定数量和浓度的混合气,供入汽缸,并将燃烧后的废气从汽缸内排出到大气中去;柴油机燃料供给系统的功用是把柴油和空气分别供入汽缸,在燃烧室内形成混合气并燃烧,最后将燃烧后的废气排出,如图1-15所示。

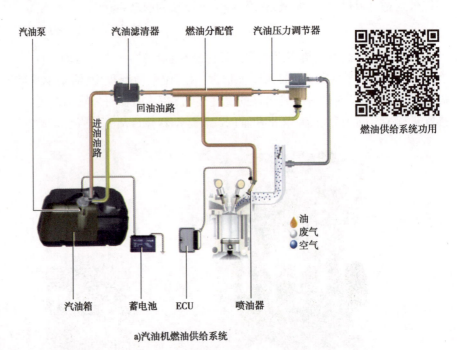

图1-15 燃油供给系统

4. 润滑系统

润滑系统的功用是向做相对运动的零件表面输送定量的清洁润滑油,以实现液体摩擦,减小摩擦阻力,减轻机件的磨损,并对零件表面进行清洗和冷却。润滑系统通常由润滑油道、机油泵、机油滤清器和一些阀门等组成,如图1-16所示。

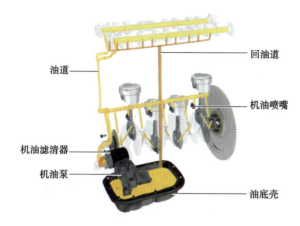

润滑系统原理

图 1-16 润滑系统

5. 冷却系统

冷却系统的功用是将受热零件吸收的部分热量及时散发出去,保证发动机在最适宜的温度状态下工作。水冷发动机的冷却系统通常由冷却水套、水泵、风扇、水箱、节温器等组成,如图 1-17 所示。

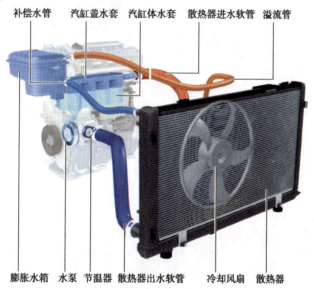

冷却系统工作原理

图 1-17 冷却系统

6. 点火系统

在汽油机中,汽缸内的可燃混合气是靠电火花点燃的,为此在汽油机的汽缸盖上装有火花塞,火花塞头部伸入燃烧室内。能够按时在火花塞电极间产生电火花的全部设备称为点火系统。点火系统通常由蓄电池、发电机、点火线圈和火花塞等组成,如图 1-18 所示,并能适应发动机工况和使用条件的变化,自动调节点火时刻,实现可靠而准确的点火。

7. 起动系统

要使发动机由静止状态过渡到工作状态,必须先用外力转动发动机的曲轴,使活塞做往复运动,汽缸内的可燃混合气燃烧膨胀做功,推动活塞向下运动使曲轴旋转,发动机才能自行运转,工作循环才能自动进行,如图1-19所示。

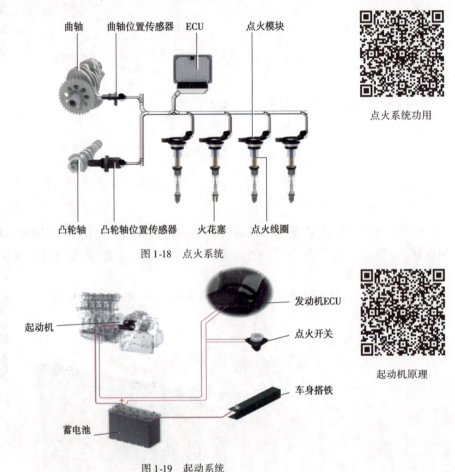

图1-18 点火系统

图1-19 起动系统

二、汽车底盘

底盘的作用是支承、安装汽车发动机及其各部件、总成,形成汽车的整体造型,并接受发动机的动力,使汽车产生运动,保证正常行驶。底盘由传动系统、行驶系统、转向系统和制动系统4部分组成。

1. 传动系统

传动系统的功用是将发动机的动力传给驱动车轮。以手动挡车型为例,其主要结构是由离合器、手动变速器、万向传动装置、驱动桥等,如图1-20所示。

2. 行驶系统

行驶系统的功用是支承、安装汽车各零部件总成,传递和承受车上、车下各种载荷的作用,以保证汽车的正常行驶。行驶系统主要由车身、车桥、悬架、车轮等组成,如图1-21所示。

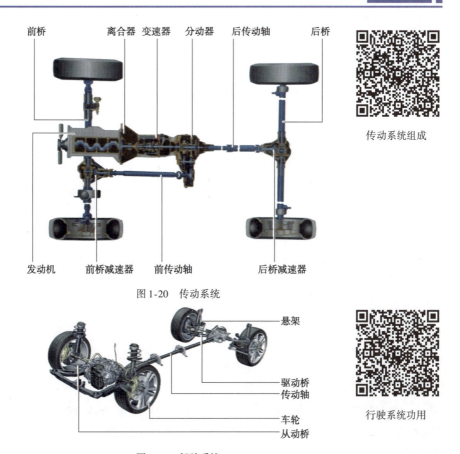

图 1-20 传动系统

图 1-21 行驶系统

3. 转向系统

转向系统的功用是保证汽车能够按照驾驶员选定的方向行驶。转向系统主要有转向操纵机构、转向器、转向传动机构组成，如图 1-22 所示。现在的汽车普遍采用电控助力转向装置。

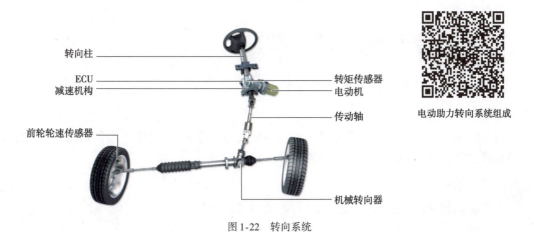

图 1-22 转向系统

4. 制动系统

制动系统的功用是使汽车减速、停车并能保证可靠的驻停。汽车制动系统一般包括行车制动系和驻车制动系两套相互独立的制动系统,每套制动系统都包括制动器和制动传动机构,如图1-23所示。现在的汽车一般都装配有制动防抱死系统(ABS)。

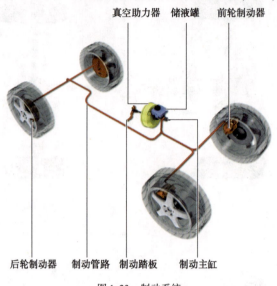

液压制动系统基本组成

图1-23 制动系统

三、汽车电气设备

汽车电气设备的性能影响汽车的动力性、经济性、安全性、可靠性、舒适性及污染排放,同时,汽车电子化也是衡量汽车技术水平和先进性的重要标志。汽车电气设备主要包括以下部分。

1. 电源系统

电源系统由蓄电池和发电机组成,其作用是为车辆用电设备提供电源,其中蓄电池为辅助电源,发电机为主电源。

2. 起动系统

汽车起动系统此前已有介绍,在此不再赘述。

3. 点火系统

点火系统此前已有介绍,在此不再赘述。

4. 照明与信号系统

汽车照明与信号系统主要有照明设备、电源、线路及控制开关,用于夜间道路照明,标示车辆宽度,照明车厢内部、仪表及夜间检修等。

5. 电动辅助控制

汽车电动辅助控制如车窗、电动座椅、电动后视镜等。

四、舒适系统

汽车舒适系统主要包括空调系统、主动悬架、电动座椅、电动后视镜、音响系统等。常见的舒适系统是空调系统、定速巡航系统和电控悬架系统。

1. 空调系统

空调系统分为制冷和供暖两部分,主要作用是调节车内的温度和湿度,净化车内的空气。其中制冷系统组成主要有压缩机、冷凝器、蒸发器、高低压管、控制开关等,供暖系统主要有加热芯、控制开关等,如图 1-24 所示。

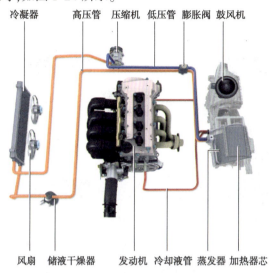

图 1-24　空调制冷系统

2. 定速巡航系统

定速巡航系统(CRUISE CONTROL SYSTEM)缩写为 CCS,又称为定速巡航行驶装置、速度控制系统、自动驾驶系统等。按驾驶员要求的速度打开巡航开关之后,不用踩加速踏板就自动地保持车速,使车辆以固定的速度行驶。采用了这种装置,当在高速公路上长时间行车后,驾驶员就不用再去控制加速踏板,减轻了疲劳,同时减少了不必要的车速变化,可以节省燃料。

3. 电控悬架系统

电控悬架系统能够根据车身高度、车速、转向角度及速率、制动等信号,由电子控制单元(ECU)控制悬架执行机构,使悬架系统的刚度、减振器的阻尼力及车身高度等参数得以改变,从而使汽车具有良好的乘坐舒适性、操纵稳定性以及通过性。电控悬架系统的最大优点就是它能使悬架随不同的路况和行驶状态做出不同的反应。

五、新能源汽车

新能源汽车是指采用非常规的车用燃料(除汽油、柴油、天然气、液化石油气、乙醇汽油、甲醇、二甲醚之外的燃料)作为动力来源(或使用常规的车用燃料、采用新型车载动力装置),综合车辆的动力控制和驱动方面的先进技术,形成的技术原理先进、具有新技术、新结构的汽车。新能源汽车包括混合动力汽车、纯电动汽车(BEV,包括太阳能汽车)、燃料电池电动汽车(FCEV)、氢发动机汽车、其他新能源(如高效储能器、二甲醚)汽车等各类别产品。

1. 纯电动汽车(BEV)

纯电动汽车顾名思义就是纯粹靠电能驱动的车辆,而不需要其他能量,如汽油、柴油等。它可以通过家用电源、专用充电桩或者特定的充电场所进行充电,以满足日常的行驶需求。

纯电动车的驱动系统比传统汽车简单很多,主要由电动机和动力蓄电池组成,其布置形式如图 1-25 所示。目前市场上主要在售车型有比亚迪 E 系列、北汽 EV 系列等。

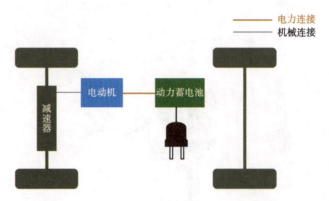

图 1-25　纯电动汽车

2. 混合动力汽车(HEV)

混合动力汽车就是由发动机或电动机驱动的车辆,其驱动系统主要由发动机、电动机、发电机和动力蓄电池组成,如图 1-26 所示。

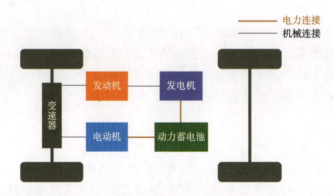

图 1-26　混合动力汽车

混合动力汽车通常能够行驶在纯电动模式、纯油模式以及油电混合模式下。在正常行驶过程中,主要依靠发动机驱动。而在电量充足的条件下,车辆起动或低速行驶时完全依靠电动机驱动,但是续航里程极短(仅能行驶 2~3km)。当遇到坡道或急加速时,发动机和电动机共同驱动车辆行驶。目前市场上主要在售的车型有丰田普锐斯等。

3. 插电式混合动力汽车(PHEV)

插电式混合动力汽车增加了插电口,能够外接充电,其组成如图 1-27 所示。蓄电池容量比混合动力汽车大很多,纯电动模式下能行驶几十公里左右。目前市场上在售的车型有比亚迪等。

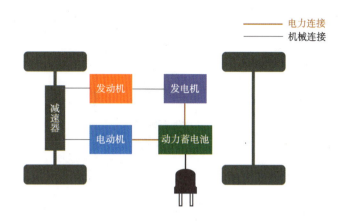

图 1-27　插电式混合动力汽车

4. 增程式混合动力汽车（PHEV）

增程式混合动力汽车就是用发动机进行发电，电动机进行驱动的车辆。当蓄电池组电量充足时采用纯电动模式行驶，而当电量不足时，车内发动机起动，带动发电机为动力蓄电池充电，提供电动机运行的电力，其结构如图 1-28 所示。

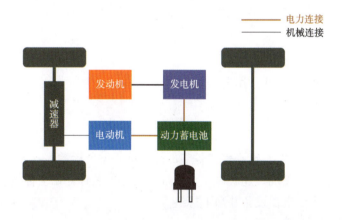

图 1-28　增程式混合动力汽车

与混合动力、插电式混合动力汽车不同的是，增程式混合动力汽车无论在什么情况下，都不能由发动机直接驱动车轮行驶，仅能通过电动机驱动，但它也能够像插电式混合动力汽车一样，通过外接电源进行充电。目前市场上在售的主要车型有宝马 i3 等。

5. 燃料电池汽车（FCEV）

燃料电池汽车是指以氢气、甲醇等为燃料，通过化学反应产生电流，依靠电动机驱动的汽车。其电池的能量是通过氢气和氧气的化学作用，而不是经过燃烧，直接变成电能。燃料电池的化学反应过程不会产生有害产物，因此燃料电池汽车是无污染汽车，其能量转换效率比内燃机高 2 至 3 倍，其组成如图 1-29 所示。目前市场还没有量产车型销售。

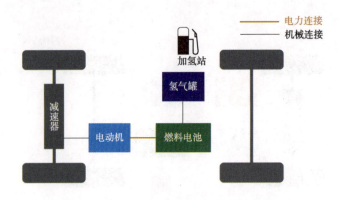

图1-29 燃料电池汽车

操作指引

1. 组织方式

(1)场地设施:实训室。

(2)设备设施:实训室所有车辆、解剖发动机、标签纸。

2. 操作要求

(1)穿着干净整齐的工作服。

(2)遵守场地安全规定,注意用电安全。

任务实施

(1)认识发动机主要结构,正确表述各零部件名称并贴上标签。

(2)认识底盘结构并正确表述底盘4大系统主要零件名称并贴上标签。

(3)认识汽车基本的电器设备并贴上标签。

(4)操作空调系统并感受舒适性。

任务小结

(1)汽车主要由动力装置、底盘、电器设备和车身4部分组成。

(2)发动机主要由两大机构和5大系统组成,两大机构是曲柄连杆机构和配气机构,5大系统分别是点火系统、起动系统、燃料供给系统、润滑系统、冷却系统。

(3)底盘由传动系统、行驶系统、转向系统、制动系统4大系统组成。

(4)汽车电器设备一般有电源系统、起动系统、点火系统、照明与信号系统、电动辅助等;汽车舒适系统主要包括空调系统、主动悬架、电动座椅、电动后视镜、音响系统等。

子任务 5　汽车使用寿命

任务描述

汽车在使用过程中由于磨损、老化等原因其性能随着使用年限（或行驶里程）的增加而逐渐下降，到了一定期限就应报废，这是一种自然规律。汽车使用寿命是指从技术和经济上分析,汽车使用极限的到达。它可以用累计使用年数或累计行驶里程数表示,见表1-14。

汽车使用年限　　　　　　　　　　表 1-14

机动车类型	使用年限	机动车类型	使用年限
小、微型出租客运汽车	8 年	大、中型非营运载客汽车（大型轿车除外）	20 年
中型出租客运汽车	10 年	三轮汽车、装用单杠发动机的低速货车	9 年
大型出租客运汽车	12 年	其他载货汽车（包括半挂牵引车和全挂牵引车）	15 年
租赁载客汽车	15 年	有载货功能的专项作业车	15 年
小型教练载客汽车	10 年	无载货功能的专项作业车	30 年
中型教练载客汽车	12 年	全挂车、危险品运输半挂车	10 年
大型教练载客汽车	15 年	集装箱半挂车	20 年
公交客运汽车	13 年	其他半挂车	15 年
其他小、微型营运载客汽车	10 年	正三轮摩托车	12 年
大、中型营运载客汽车	15 年	其他摩托车	13 年
专用校车	15 年		

学习目标

（1）能够描述汽车使用寿命的分类。
（2）能够描述各类机动车使用年限。
建议学时:2 学时。

知识准备

一、汽车技术使用寿命

汽车技术使用寿命是指车辆从开始使用,直至其主要机件到达技术极限状态而不能再继续修理时为止的总工作时间或总行驶里程。

二、汽车经济使用寿命

汽车经济使用寿命,是指汽车使用到相当里程和使用年限,对其进行全面经济分析之后得出,汽车已到达不经济合理、使用成本较高的寿命时刻。

三、汽车合理使用寿命

汽车合理使用寿命是以机动车经济使用寿命为基础,考虑整个国民经济的发展和能源节约等因素,制定出符合我国实际情况的使用期限。

四、汽车寿命相关知识

商务部、发改委、公安部、环境保护部令2012年第12号,《机动车强制报废标准规定》第五条,各类机动车使用年限分别如下:

(1)小、微型出租客运汽车使用8年,中型出租客运汽车使用10年,大型出租客运汽车使用12年;

(2)租赁载客汽车使用15年;

(3)小型教练载客汽车使用10年,中型教练载客汽车使用12年,大型教练载客汽车使用15年;

(4)公交客运汽车使用13年;

(5)其他小、微型营运载客汽车使用10年,大、中型营运载客汽车使用15年;

(6)专用校车使用15年;

(7)大、中型非营运载客汽车(大型轿车除外)使用20年;

(8)三轮汽车、装用单缸发动机的低速货车使用9年,其他载货汽车(包括半挂牵引车和全挂牵引车)使用15年;

(9)有载货功能的专项作业车使用15年,无载货功能的专项作业车使用30年;

(10)全挂车、危险品运输半挂车使用10年,集装箱半挂车20年,其他半挂车使用15年;

(11)正三轮摩托车使用12年,其他摩托车使用13年。

美国的汽车平均使用寿命约为13年。在这个平均使用寿命内,一辆美国汽车的行驶总里程约为12万mile(约合19万km)。

日本国内汽车报废速度很快,一般乘用车平均报废年限为10年。每年报废车辆约550万辆,与新车销售量基本持平。

韩国汽车报废标准分为营运车和私家车两种情况,对营运车实行规定报废年限的强制报废制度,对私家车则无报废年限规定。具体规定为:公共汽车10年,个人出租车5年,公司出租车3年,对行驶里程没有限制。主要通过年检来对汽车的安全及技术状况进行监督和管理。

德国的汽车平均使用年限为7~8年。按照德国的规定,新车在前3年是免检的,以后每年都要年检。一般说来,汽车使用的年限越长,通过年检需要的修理或维护成本就越高,达到汽车排放标准也就越难。因此,虽然德国法律并没有规定汽车在使用多少年后必须报废,但车主一般都将根据自己的经济实力,使用几年就更换或淘汰。

 操作指引

1. 组织方式

(1)场地设施:市内各大出租车公司、驾校。
(2)设备设施:出租车公司、驾校的运营车辆。

2. 操作要求

(1)穿着干净整齐的工作服。
(2)遵守场地安全规定,注意交通安全。

 任务实施

(1)随机调查出租车公司的车辆,看是否有超出使用年限,把调整结果填在表1-15中。

出租汽车使用年限调查表　　　　　表1-15

出租车公司名称	车　型	规定使用年限	是否超出使用年限

(2)随机调查驾校的运营车辆,看是否超出使用年限,把调查结果填在表1-16中。

驾校运营车辆使用年限调查表　　　　　表1-16

驾校名称	车　型	规定使用年限	是否超出使用年限

 任务小结

(1)汽车使用寿命主要分为技术寿命、经济寿命、合理使用寿命3种。
(2)各类机动车使用的年限。

学习任务二　旧机动车交易法律、法规

 任务概述

旧机动车是指从办理完注册登记手续到达到国家强制报废标准之前进行交易并转移所有权的汽车(包括三轮汽车、低速载货汽车)、挂车和摩托车。旧机动车交易分为直接交易和间接交易两种。旧机动车直接交易是指旧机动车所有人不通过经销企业、拍卖企业和经纪机构将车辆直接出售给买方的交易行为。旧机动车直接交易应当在旧机动车交易市场进行。

旧机动车交易中的经营行为是指旧机动车经销、拍卖、经纪、鉴定评估等。旧机动车经销指旧机动车经销企业收购、销售旧机动车的经营活动;旧机动车拍卖指旧机动车拍卖企业以公开竞价的形式将旧机动车转让给最高应价者的经营活动;旧机动车经纪指旧机动车经纪机构以收取佣金为目的,为促成他人交易旧机动车而从事居间、行纪或者代理等经营活动;旧机动车鉴定评估指旧机动车鉴定评估机构对旧机动车技术状况及其价值进行鉴定评估的经营活动。

 主要学习任务

1. 旧机动车交易的类型与旧机动车交易管理办法
2. 汽车报废标准

子任务1　旧机动车交易类型与旧机动车交易管理办法

 任务描述

旧机动车交易需要按照各级各类法律法规来开展业务,对于旧机动车交易的类型和相关法律、法规的了解是成为一名合格的旧机动车从业人员所必备的素质之一。

旧机动车交易法律、法规 学习任务二

 学习目标

（1）能够描述旧机动车的基本特性。
（2）能够描述旧机动车交易的类型。
（3）会查阅旧机动车交易的相关法律、法规。
建议学时：4 学时。

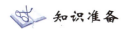 知识准备

一、旧机动车交易概述

旧机动车,英文译为"Second Hand Vehicle"或"Used Car",意为"第二手的汽车"或"使用过的汽车",在中国也称为"旧机动车"。全世界人均汽车保有量最多的地区之一的北美,也是全世界旧机动车交易最发达的市场,因为平民百姓购买旧机动车时不一定就能买到"第二"手的,而且大多是小轿车和家用吉普车,所以,在北美旧机动车有一种很通俗的称法,即"用过的汽车"。

2005年10月1日,由商务部、公安部、工商总局、税务总局联合发布的《旧机动车流通管理法》正式实施,该办法总则的第二条对旧机动车的定义是:旧机动车是指办理完注册登记手续到达国家制度报废标准之前进行交易并转移所有权的汽车(包括三轮汽车、低速载货车,即原农用车)、挂车和摩托车。

1. 旧机动车特性

1）经济实惠

旧机动车一般都不是时下车市最新的车型,一般要落后两年,同一品牌同一车型的旧机动车,晚买一至两年,就可以省掉几千元钱。另外,随着油价的上涨,市民出行成本不断加大,如果市民买车只为了代步,买辆旧机动车还是很划算的。

2）折价率低

任何一辆汽车,只要在车管所登记落户后,它每一年的价值都在不断下降。一般来说,1年后要贬值20%,两年后要贬值35%,3年后贬值达50%。越是价高的车,折价率越高,每年折价会高达1万多元,商用车甚至可以达到数万元。如果您要买车,买一辆新车的钱,可以买两辆不错的旧机动车。即旧机动车用了几年后,你再将车卖掉,也不会赔多少。

3）剐碰不心疼

不少买车的人都是新手,由于驾车经验、驾驶技术不足,在路上难免会剐剐碰碰,而买辆旧机动车,即使发生剐碰,小剐小碰只要无伤大雅,就能将就着用,既经济又实用。

4）零件容易购买

买辆新上市的车,一旦出现故障,一般会出现跑了很多地方汽车零配件仍难买到的情况,但如果买辆旧机动车,就不再用为买汽车零配件难而担心。因为一般的旧机动车都是两年以前的车型,针对该车的零配、维护等汽车服务行业已经非常健全和成熟,有关汽车的配件也比较充足,车主一般都不用再为购买汽车配件而四处奔波。

2. 我国旧机动车行业发展历程

我国旧机动车市场是社会主义市场经济发展的产物,而且,随着市场化程度不断提高,其显现出巨大的发展潜力。

回顾我国旧机动车市场发展历程,大体上可分为 4 个阶段(图 2-1)。

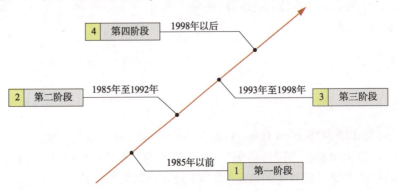

图 2-1 我国旧机动车市场发展历程

1)第一阶段为 1985 年以前

我国处于计划经济时期,国家对汽车生产、分配和消费实行计划管理,产量和保有量很低,党、政、军机关、国有企业、事业单位为消费主体。因此,消费主体单一,在车辆的使用上基本上是从新车开始一直使用到报废,旧机动车交易极少,市场化交易方式尚未形成。

2)第二阶段为 1985 年至 1992 年

国家经济体制由计划经济向有计划的商品经济过渡,作为身份和地位的象征,一部分先富裕起来的人们将目光转向了汽车消费,旧机动车流通需求开始出现,旧机动车交易量呈缓慢上升趋势。

3)第三阶段为 1993 年至 1998 年

以市场为导向的经济体制改革的步伐加快,人民生活水平得到较大幅度提高,社会购买力大大增强,汽车消费已成为高收入阶层的消费时尚。与此同时,由于旧机动车的高额经营利润,吸引了大批企业进入旧机动车流通行业,极大地激发了旧机动车市场活力。为了加强旧机动车流通管理,规范旧机动车交易行为,1998 年原国家内贸部制定颁布了《旧机动车交易管理办法》(内贸机字 1998 第 33 号),从此我国的旧机动车市场有了第一个法规性文件并一直沿用至今。《旧机动车交易管理办法》的颁发进一步规范和促进了旧机动车流通行业的发展,初步实现了由分散交易向集中交易、无序交易向有序交易的转变。

4)第四阶段为 1998 年以后

在国家扩大内需,刺激消费的政策鼓励下,汽车需求量逐年增加,使得汽车产量和保有量呈快速增长趋势。据国家统计局有关数据显示,截至 2003 年底,全国汽车保有量估算为 2400 余万辆,其中私人汽车保有量达 1242.8 万辆,约占全国汽车保有量的 51.8%;而卡车保有量近 800 万辆。全国旧机动车交易市场共有 400 多家,据统计,2003 年共交易旧机动车 87.9 万辆,同比增长 20.23%,交易额 309.72 亿元。我国旧机动车交易主要集中在汽车保有量较高的大中城市,交易方式以直接交易或代理方式为主。到 2012 年,旧机动车交易额同比增长22.6%,交易量达到794万辆,旧机动车交易额达到3595亿元,其中北京地区旧机动车交易数量首次超过新车。

2013年10月1日,新的《旧机动车流通管理办法》发布,新规定"符合相关条件的汽车品牌经销商等经营主体均可依法申请从事旧机动车经营",原有的旧机动车交易必须在旧机动车交易市场进行的规定已经打破,旧机动车交易市场将迎来新的发展契机。

二、我国旧机动车交易方式、类型和相关规定

1. 旧机动车的交易方式和类型

1)旧机动车交易方式

(1)旧机动车市场销售:众多旧机动车经营企业集市经营。

(2)"旧机动车超市"销售:以某一旧机动车贸易公司的总体品牌为出发点,建立旧机动车超市,对各种不同品牌的旧机动车进行统一销售。

(3)特许经营销售:这就需要建立旧机动车贸易特许经营体系,建立旧机动车销售网点,通过旧机动车贸易公司的特许经销商对各种品牌的旧机动车进行统一销售。

(4)与新车同地销售:即借用新车经销商的车辆展示厅的一部分来展示与该新车经销商所经销的新车同一品牌的旧机动车,以新车的销售来促进旧机动车的销售。

(5)互联网络销售:在网上建立旧机动车贸易平台,通过户联网进行旧机动车的销售。

2)旧机动车交易类型

旧机动车交易是一种产权交易,是实现旧机动车所有权从卖方到买方的转移过程。

(1)直接交易。旧机动车直接交易是指旧机动车所有人不通过经销企业、拍卖企业和经纪机构将车辆直接出售给买方的交易行为。

(2)中介经营。中介经营是指旧机动车买卖双方通过中介方的帮助而实现交易,中介方收取约定佣金的一种交易行为。这一类型的交易方式包括以下两种。

①旧机动车经纪。旧机动车经纪是指旧机动车经纪机构以收取佣金为目的,为促成他人交易旧机动车而从事居间、经纪或者代理等经营活动。

②旧机动车拍卖。旧机动车拍卖是指旧机动车拍卖企业以公开竞价的形式将旧机动车转让给最高应价者的经营活动。

3)旧机动车销售

旧机动车销售是指旧机动车销售企业收购、销售旧机动车的经营活动。此外,旧机动车典当不赎回情况也可以算作一种旧机动车销售。旧机动车典当是指旧机动车所有人将其拥有的、具有合法手续的车辆质押给典当公司,典当公司支付典当当金,封存质押车辆,双方约定在一定期限内由出典人(旧机动车所有人)结清典当本息、赎回车辆的一种贷款行为。

2. 禁止进行旧机动车交易的车辆类型

我国规定涉及违法状况的旧机动车禁止经销、买卖、拍卖和经纪,目的是规范旧机动车交易,杜绝盗抢车、走私车、拼装车和报废车的非法交易,切实维护消费者的合法权益。旧机动车被禁止交易、买卖、拍卖和经纪的情形有:

(1) 已报废或者达到国家强制报废标准的车辆；

(2) 在抵押期间或者未经海关批准交易的海关监管车辆；

(3) 在人民法院、人民检察院、行政执法部门依法查封、扣押期间的车辆；

(4) 通过盗窃、抢劫、诈骗等违法犯罪手段获得的车辆；

(5) 发动机号码、车辆识别代号或者车架号码与登记号码不相符，或者有凿改迹象的车辆；

(6) 走私、非法拼(组)装的车辆；

(7) 不具有《旧机动车流通管理办法》第二十二条所列证明、凭证的车辆；

(8) 在本行政辖区以外的公安机关交通管理部门注册登记的车辆；

(9) 国家法律、行政法规禁止经营的车辆；

(10) 旧机动车交易市场经营者和旧机动车经营主体发现车辆具有(4)(5)(6)情形之一的，应当及时报告公安机关、工商行政管理部门等执法机关；

(11) 对交易违法车辆的，旧机动车交易市场经营者和旧机动车经营主体应当承担连带赔偿责任和其他相应的法律责任。

3. 旧机动车交易政策法规介绍

我国关于旧机动车交易的法律法规主要有：《旧机动车流通管理办法》《旧机动车交易规范》。现行《旧机动车流通管理办法》于2005年10月1日由商务部、公安部、国家工商总局、国家税务总局联合发布。这两部主要法规中，《旧机动车流通管理办法》将旧机动车的交易、经营、经纪等概念明确划分开来，规定：旧机动车交易是指旧机动车经营和直接交易活动；旧机动车经营行为是指旧机动车经销、拍卖、经纪、鉴定评估等；旧机动车经销是指旧机动车经销企业收购、销售旧机动车的经营活动；旧机动车拍卖是指旧机动车拍卖企业以公开竞价的形式将旧机动车转让给最高应价者的经营活动；旧机动车经纪是指旧机动车经纪机构以收取佣金为目的，为促成他人交易旧机动车而从事居间、行纪或者代理等经营活动；旧机动车鉴定评估是指旧机动车鉴定评估机构对旧机动车技术状况及其价值进行鉴定评估的经营活动；旧机动车交易市场和旧机动车经纪公司均不得参与旧机动车经营活动。在管理办法上对交易市场、经纪公司、经营公司、鉴定评估机构的职责和经营范围进行区分，有助于堵塞行业漏洞，净化市场环境，保障买卖双方合法权益。

1)《旧机动车流通管理办法》

《旧机动车流通管理办法》对旧机动车交易的主要规定如下。

(1) 旧机动车交易市场经营者、旧机动车经销企业和经纪机构应当具备企业法人条件，并依法到工商行政管理部门办理登记手续，各类证照齐全方可开展相应的业务。

(2) 对于外商投资，外商投资设立旧机动车交易市场、经销企业、经纪机构、鉴定评估机构的申请人，应当分别持符合第八条、第九条规定和《外商投资商业领域管理办法》、有关外商投资法律规定的相关材料报省级商务主管部门。省级商务主管部门进行初审后，自收到全部申请材料之日起1个月内上报国务院商务主管部门。合资中方有国家计划单列企业集团的，可直接将申请材料报送国务院商务主管部门。国务院商务主管部门自收到全部申请材料3个月内会同国务院工商行政管理部门，做出是否予以批准的决定，对予以批准的，颁发或者换发《外商投资企业批准证书》;不予批准的,应当说明理由。申请人持《外商投资企业批准证书》到工商行政管理部门办理登记手续。

(3)旧机动车交易市场经营者和旧机动车经营主体应当依法经营和纳税,遵守商业道德,接受依法实施的监督检查。

(4)旧机动车卖方应当拥有车辆的所有权或者处置权。旧机动车交易市场经营者和旧机动车经营主体应当确认卖方的身份证明,车辆的号牌、《机动车登记证书》《机动车行驶证》,有效的机动车安全技术检验合格标志、车辆保险单、交纳税费凭证等。国家机关、国有企事业单位在出售、委托拍卖车辆时,应持有本单位或者上级单位出具的资产处理证明。出售、拍卖无所有权或者处置权车辆的,应承担相应的法律责任。

(5)旧机动车交易市场经营者应当为旧机动车经营主体提供固定场所和设施,并为客户提供办理旧机动车鉴定评估、转移登记、保险、纳税等手续的条件。旧机动车经销企业、经济机构应当根据客户要求代办旧机动车鉴定评估、转移登记、保险、纳税等手续。《旧机动车流通管理办法》中对旧机动车交易行业门槛进行了明确规定,涉及旧机动车交易市场最低注册资金、交易场所面积,旧机动车经营公司最低注册资金、固定经营场所面积,经营企业具有国家认定的专业资质的专业技术人员的种类、数量等方面。同时规定旧机动车经营公司、拍卖公司对所销售的旧机动车应当标明使用年限、行驶里程、技术状况和售价等技术和经济指标,并承担相应的经济和法律责任。

(6)旧机动车流通监督管理遵循破除垄断,鼓励竞争,促进发展和公平、公正、公开的原则。

(7)建立旧机动车交易市场经营者和旧机动车经营主体备案制度。凡经工商行政管理部门依法登记,取得营业执照的旧机动车交易市场经营者和旧机动车经营主体,应当自取得营业执照之日起2个月内向省级商务主管部门备案。省级商务主管部门应当将旧机动车交易市场经营者和旧机动车经营主体有关备案情况定期报送国务院商务主管部门。

(8)建立和完善旧机动车流通信息报送、公布制度。旧机动车交易市场经营者和旧机动车经营主体应当定期将旧机动车交易量、交易额等信息通过所在地商务主管部门报送省级商务主管部门。省级商务主管部门将上述信息汇总后报送国务院商务主管部门。国务院商务主管部门定期向社会公布全国旧机动车流通信息。

(9)商务主管部门、工商行政管理部门应当在各自的职责范围内采取有效措施,加强对旧机动车交易市场经营者和经营主体的监督管理,依法查处违法违规行为,维护市场秩序,保护消费者的合法权益。

2)《旧机动车交易规范》

《旧机动车交易规范》由中华人民共和国商务部为指导交易各方进行旧机动车交易及相关活动,根据《旧机动车流通管理办法》而制定的,内容涉及旧机动车交易的各个方面。

(1)旧机动车交易市场经营者应具有必要的配套服务设施和场地,设立车辆展示交易区、交易手续办理区及客户休息区,做到标识明显,环境整洁卫生。交易手续办理区应设立接待窗口,明示各窗口业务受理范围。

(2)旧机动车交易市场经营者在交易市场内应设立醒目的公告牌,明示交易服务程序、收费项目及标准、客户查询和监督电话号码等内容。

（3）旧机动车交易市场经营者应制定市场管理规则,对场内的交易活动负有监督、规范和管理责任,保证良好的市场环境和交易秩序。由于管理不当给消费者造成损失的,应承担相应的责任。

（4）旧机动车交易市场经营者应及时受理并妥善处理客户投诉,协助客户挽回经济损失,保护消费者权益。

（5）旧机动车交易市场经营者在履行其服务、管理职能的同时,可依法收取交易服务和物业等费用。

（6）旧机动车应在车辆注册登记所在地交易。旧机动车转移登记手续应按照公安部门有关规定在原车辆注册登记所在地公安机关交通管理部门办理。需要进行异地转移登记的,由车辆原属地公安机关交通管理部门办理车辆转出手续,在接收地公安机关交通管理部门办理车辆转入手续。

（7）旧机动车交易市场经营者、经销企业、拍卖公司应建立交易档案,交易档案主要包括以下内容：

①《旧机动车交易规范》第五条第二款规定的法定证明、凭证复印件,主要包括车辆号牌、机动车登记证书、机动车行驶证和机动车安全技术检验合格标志；

②购车原始发票或者最近一次交易发票复印件；

③买卖双方身份证明或者机构代码证书复印件；

④委托人及授权代理人身份证或者机构代码证书以及授权委托书复印件；

⑤交易合同原件；

⑥旧机动车经销企业的《车辆信息表》,旧机动车拍卖公司的《拍卖车辆信息》和《旧机动车拍卖成交确认书》；

⑦其他需要存档的有关资料。

交易档案保留期限不少于3年。

操作指引

1. 组织方式

（1）自由组合,分成若干学习调研小组。

（2）场地设施：本地旧机动车交易市场。

（3）设备设施：电脑、因特网。

2. 操作要求

（1）注意调研时的沟通方式。

（2）外出期间注意交通安全。

（3）各小组需根据调研内容、各小组侧重点合理设计调查问卷,每小组的调研报告发放并回收的有效问卷不能少于30份。

旧机动车交易法律、法规 学习任务二

任务实施

1. 调研内容

(1)了解学校所在主要旧机动车交易市场的分布、主要业务类型(旧机动车交易类型),各汽车品牌经销店旧机动车交易、置换业务的开展情况。

(2)国家政策变化对旧机动车交易的影响。

(3)了解学校所在省市近期在促进旧机动车流通方面出台的新政策,以及市场对新政策的反应。

2. 调研背景材料

中国汽车流通协会向国家环保部提交了《关于取消地方城市限制旧机动车迁入不合理规定的建议》报告,建议各地取消对旧机动车的限迁政策。随着各地对环保要求的日益严格,限迁城市几乎包含了全国主要大中小城市。截至2014年4月,全国大部分的地级市都对外地车迁入设置了国三、国四门槛。各城市限迁政策的提高,对本就处于发展初期的全国旧机动车市场带来了很大的冲击,一个整体的、全国性的旧机动车市场将更难形成。

2009年政府工作报告提出"完善汽车消费政策加快发展旧机动车市场和汽车租赁市场,引导和促进汽车合理消费。"。2016年政府工作报告中提到了要"活跃旧机动车市场"。2016年3月底,国务院办公厅就发布了《关于促进旧机动车便利交易的若干意见》(以下简称《意见》),明确要求各地政府不得制定实施限制旧机动车迁入的政策,国家鼓励淘汰和要求淘汰的相关车辆及国家明确的大气污染防治重点区域有特殊要求的除外。限迁政策的解除,对我国旧机动车交易市场产生了较大的影响。

《意见》还提出要进一步整合旧机动车交易、纳税、保险和登记等流程,简化旧机动车交易登记程序,不得违规增加限制办理条件。优化服务流程,推行旧机动车异地交易登记,便利交易方在车辆所在地直接办理交易登记手续。在旧机动车交易税收方面,《意见》明确要按照"统一税制、公平税负、促进公平竞争"原则,结合全面推开营改增试点,进一步优化旧机动车交易税收政策,同时加强对旧机动车交易的税收征管。

同时,相关部门要加大旧机动车交易信贷支持力度,支持旧机动车贷款业务,适当降低旧机动车贷款首付比例。加快开发符合旧机动车交易特点的专属保险产品,不断提高旧机动车交易保险服务水平。

3. 调查问卷

调查问卷又称调查表或询问表,是以问题的形式系统地记载调查内容的一种印件。问卷可以是表格式、卡片式或簿记式。设计问卷,是询问调查的关键。完美的问卷必须具备两个功能,即能将问题传达给被问的人和使被问者乐于回答。要完成这两个功能,问卷设计时应当遵循一定的原则和程序,运用一定的技巧。

调查问卷设计的原则一般有:

(1)有明确的主题。主题从实际出发拟题,问题目的明确,重点突出,没有可有可无的问题。

(2)结构合理、逻辑性强。问题的排列应有一定的逻辑顺序,符合应答者的思维程序。

一般是先易后难、先简后繁、先具体后抽象。

(3)通俗易懂。问卷应使应答者一目了然,并愿意如实回答。问卷中语气要亲切,符合应答者的理解能力和认识能力,避免使用专业术语。对敏感性问题采取一定的技巧调查,使问卷具有合理性和可答性,避免主观性和暗示性,以免答案失真。

(4)控制问卷的长度。回答问卷的时间控制在20分钟左右,问卷中既不浪费一个问句,也不遗漏一个问句。

(5)便于资料的校验、整理和统计。

4. 调研报告

调研报告评价表见表2-1。

调研报告评价表　　　　　　　　　　表2-1

项目	结论		
	优	良	差
调研准备	小组分工明确,计划详尽,积极收集各类资料	调研前能做基本的准备,但不够充分	调研开始前没有做好准备工作
知识运用	能够熟练地运用所学知识进行分析,分析结论符合客观实际	所学知识运用不够准确,个别小组成员参与不够	不能运用所学知识分析问题
调研报告撰写质量	报告结构完整,论据充电,观点清晰,分析准确,资料翔实	报告基本完整,能根据调研情况进行基础的分析	报告不完整,无个人观点
态度	态度认真,有热情,能较好地完成任务	投入一定的精力,基本完成布置的任务	态度敷衍,未完成学习任务

任务小结

(1)我国对旧机动车交易已经制定了较为完备的法律、法规。

(2)旧机动车交易市场受国家宏观政策影响较大,我国已出台各类政策促进旧机动车市场发展。

子任务2　汽车报废标准

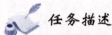

车辆设备的各项性能也会随着使用年限的不断增长而下降,导致一辆汽车的旧机动车交易价格不断降低。此外,汽车作为一种包含机械设备和电子设备的产品,是有一定使用寿命的。为了确保交通安全、促进汽车产业良性发展、促进消费,我国政府制定了汽车报废的相关标准。汽车报废的标准是评估旧机动车交易价值、旧机动车是否可以进行交易的重要法律依据。旧机动车评估人员必须对汽车报废相关管理规定有足够认识。

旧机动车交易法律、法规 学习任务二

 学习目标

(1)能够描述汽车的使用寿命。
(2)能够描述汽车的报废标准。
建议学时:2 学时。

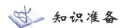

一、汽车使用寿命

汽车使用寿命(operating life of motor vehicle) 一辆汽车从出厂后投入运行开始,在长期的使用过程中,由于零部件的老化、磨损和其他方面的损伤,使汽车性能逐渐降低,各种消耗增加,直至不再继续使用为止的连续行驶里程或连续使用时间。

汽车在正常使用的过程中,随着年限的增加,其性能就会有所下降,当到达一定期限以后,就必须进行报废处理。如果无限制的延长汽车的使用寿命,就会由于车辆的各个零部件的损耗和车辆整体的损耗,导致动力性能和经济性的大幅度下降,从而造成使用成本、维护成本剧增。同时,这样的汽车也会导致运输效率下降、运输成本增加等方面的问题。使用时间过长的机动车也将因为制造年份较早、使用的技术老旧而技术性能落后,排放的废气污染、噪声污染等超过当前环保标准,甚至容易引发交通事故等致命的危害。

汽车寿命由生物存活期限的概念演化而来,但汽车的寿命又不同于生物的寿命。汽车是由多个零部件组成的机电产品,不会因为部分零部件损坏而导致整车报废。通常采用维修的方法使暂时已经损耗的汽车恢复正常,延长汽车的使用期限。

在实际使用中,随时间推移,由于物理和化学的原因,汽车总会进入无法继续使用的状态,即进入技术极限状态。如发动机漏气严重,不能再工作了;车架严重变形,导致汽车跑偏、操纵困难、轮胎快速磨损,但并不是汽车第一次进入技术极限状况后,就被报废,而是通过大修来恢复其使用能力,以充分利用汽车还存在的剩余价值。第一次进入技术极限状况的汽车,约有70%以上的零件还有继续使用的价值。从节约资源的角度来看,第一次大修所消耗的材料约为新造汽车的10%。对于进入技术极限状态的汽车,大修是延长其使用期限的一种有效的手段,但是大修的费用高,大修后进入技术极限状况的使用寿命一般比同类新车短。

汽车的使用寿命是根据汽车的技术状况、使用中的经济效益和汽车整体的使用价值来综合考虑的,是人为终止其存活期限(报废)而形成的。根据确定使用寿命的出发点不同、目的不同、标准不同,汽车使用寿命分为技术使用寿命、经济使用寿命和合理使用寿命。

> **知 识 链 接**
>
> 汽车技术寿命、经济寿命和合理使用寿命关系:汽车技术寿命>汽车合理使用寿命≥汽车经济使用寿命

二、汽车合理使用寿命

汽车合理使用寿命是以汽车经济使用寿命为基础,综合考虑国民经济的发展水平,考虑汽车使用者经济承受能力和环境保护等因素所制定的适合我国国情的汽车使用期限。汽车合理使用寿命是由汽车技术寿命、汽车经济使用寿命、汽车自然使用寿命综合决定的。

汽车经济使用寿命的技术指标包括车辆使用年限、行驶里程、年限。

1. 年限

年限是指汽车从初次注册登记日开始计算,到不再被使用时的总使用年数,包括车辆的行驶时间和停驶时间。我国通过法律、法规对机动车的使用年限做了相应的规定,规定明确了小、微型出租客运汽车使用8年,中型出租客运汽车使用10年,大型出租客运汽车使用12年;公交客运汽车使用13年;专用校车使用15年;大、中型非营运载客汽车(大型轿车除外)使用20年;正三轮摩托车使用12年,其他摩托车使用13年等,小、微型非营运载客汽车、大型非营运轿车、轮式专用机械车则无使用年限限制。使用年限是反映车辆折旧程度的指标之一,计算简便,但受车辆使用环境、使用强度、使用习惯、维护保养状况等因素影响,使用年限不能准确反映车辆的状况。

2. 行驶里程

行驶里程是指汽车从开始投入运行到报废,这一时期内累计行驶的里程数。行驶里程是评估旧机动车的重要指标,可以反映车辆的使用强度,但是不能反映车辆的使用条件和车辆停驶期间的自然损耗。

三、汽车报废标准

汽车车辆技术状况和性能指标将随着汽车使用年限增长而不断下降,导致车辆行驶安全性能变差,燃油、维修的成本不断上升。为了确保道路交通安全、促进汽车工业发展、促进汽车市场持续发展、鼓励技术进步,我国政府制定并颁布了《机动车强制报废标准》。

我国现行《机动车强制报废标准》于2013年1月14日由商务部发布,自2013年5月1日起施行。现行的机动车强制报废新标准对以下几方面做了新的规定:小、微型非营运载客汽车、大型非营运轿车、轮式专用机械车无使用年限限制;对达到60万公里的机动车引导报废;取消了私家小客车的强制报废年限;对各类机动车的使用年限及行驶里程都做出了明确的参考标准。颁布新的报废标准,极大地延长了机动车特别是私家车的使用年限,以车况决定使用周期,较好地保护了车主的使用权益,对旧机动车交易市场的发展起到了正面的促进作用。

我国《机动车强制报废标准》规定各类机动车的强制报废规定有:(一)达到相应的使用年限;(二)经修理和调整仍不符合机动车安全技术国家标准对在用车有关要求的;(三)经修理和调整或者采用控制技术后,向大气排放污染物或者噪声仍不符合国家标准对在用车有关要求的;(四)在检验有效期届满后连续3个机动车检验周期内未取得机动车检验合格标志的。达到强制报废标准的机动车,其所有人可以将机动车交售给报废机动车回收拆解企业,由报废机动车回收拆解企业按规定进行登记、拆解、销毁等处理,并将报废的机动车登记证书、号牌、行驶证交公安机关交通管理部门注销。

《机动车强制报废标准》对车辆是否达到报废标准,主要依据两个技术指标,一个是使用年限;一个是累计行驶里程数。如果对汽车的使用年限和累计行驶里程都做了规定,那么当其中一个指标达到报废标准时,即认为该车辆已达到报废标准。详细报废标准见表2-2。

机动车强制报废标准 表2-2

机动车使用年限及行驶里程汇总表				使用年限(年)	行驶里程参考值(万km)
车 辆 类 型 与 用 途				使用年限(年)	行驶里程参考值(万km)
汽车	载客	运营	出租客运 小、微型	8	60
			出租客运 中型	10	50
			出租客运 大型	12	60
			租赁	15	60
			教练 小型	10	50
			教练 中型	12	50
			教练 大型	15	60
			公交客运	13	40
			其他 小、微型	10	60
			其他 中型	15	50
			其他 大型	15	60
		非运营	小、微型客车、大型轿车	无	60
			中型	20	50
			大型	20	60
	载货		微型	12	50
			重、中、轻型	15	60
			危险品运输	10	40
			三轮汽车、装用单缸发动机的低速货车	9	无
			装用多缸发动机的低速货车	12	30
	专项作业		有载货功能	15	50
			无载货功能	30	50
挂车			半挂车 集装箱	20	无
			半挂车 危险品运输	10	无
			半挂车 其他	15	无
			全挂车	10	无
摩托车			正三轮	12	10
			其他	13	12
轮式专用机械车				无	50

注:本表引自商务部、发改委、公安部、环境保护部令(2012年第12号)。

知 识 链 接

机动车强制报废年限计算标准:机动车使用年限起始日期按照注册登记日期计算,但自出厂之日起超过2年未办理注册登记手续的,按照出厂日期计算。

机动车检验周期:检验周期是指《中华人民共和国道路交通安全法实施条例》规定的机动车安全技术检验周期。

操作指引

1. 组织方式
(1) 场地设施：实训室一间。
(2) 设备设施：模拟工位、资料。

2. 操作要求
(1) 穿着干净整齐，注意沟通的礼仪。
(2) 注意流程实施。

任务实施

1. 模拟办理出租车报废手续（图2-2）

1	检查车辆是否符合报废标准——出租车为营运车辆，使用年限为8年

符合报废标准

2	到所在的出租车公司提出申请，公司开具证明此车将要报废的申请表，由车主将表格连同出租车的所有手续交到本地交通局的客运管理处

3	将出租车上的顶灯、计价器、车内安全架进行检测，不能缺失并且可以正常使用，拆卸以后留照片为证，开具证明以后，上交营运证、上岗证还有服务监督卡，把相关证件与车辆脱离

4	申请报废更新的汽车车主到车管所领填《机动车变更、过户、改装、停驶、报废审批申请表》一份，加盖车主印章
	所需材料：①机动车行驶证；②机动车登记证；③车辆牌照；④单位车辆加盖公章的组织机构代码证（复印件）；⑤个人车辆车主携带本人的身份证；⑥事故车辆证明材料；⑦单位车辆在"机动车注销登记申请表"和"报废汽车证明"上加盖公章（与行驶证户名一致），个人车辆车主人签字

5	车管所登记受理申请，对已达报废年限的车辆开具《汽车报废通知书》。对未达到报废年限的机动车，经机动车查验岗认定，符合汽车报废标准，核发《汽车报废通知单》

6	车主持《通知书》将报废汽车交售给具有相关资质的报废汽车回收企业，由回收企业将车辆解体，向机动车所有人出具《报废汽车回收证明》，回收企业经查验《通知书》后将车辆解体并照相

7	车主持《变更表》《××省更新汽车技术鉴定表》和《报废汽车回收证明》及车辆解体照片经机动车查验岗核对并签字，回收牌证，按规定上报审批，办理报废登记

图2-2　出租车报废手续办理流程

2. 模拟办理私家车报废手续（图2-3）

注意：如果想保留原车牌号码，可以在办理报废手续的同时，申请继续使用报废机动车号牌号码,但条件是车主原来的车辆需使用3年以上,并且在6个月内购买新车并办理登记手续,申领机动车号牌。

1	检查车辆是否符合报废标准

符合报废标准

2	申请报废更新的汽车车主到车管所领填《机动车变更、过户、改装、停驶、报废审批申请表》一份,加盖车主印章
	所需材料:①机动车行驶证;②机动车登记证;③车辆牌照;④单位车辆加盖公章的组织机构代码证(复印件);⑤个人车辆车主携带本人的身份证;⑥事故车辆证明材料;⑦单位车辆在"机动车注销登记申请表"和"报废汽车证明"上加盖公章(与行驶证户名一致),个人车辆车主人签字

3	车管所登记受理申请,对已达报废年限的车辆开具《汽车报废通知书》。对未达到报废年限的机动车,经机动车查验岗认定,符合汽车报废标准,核发《汽车报废通知单》

4	车主持《通知书》将报废汽车交售给具有相关资质的报废汽车回收企业,由回收企业将车辆解体,向机动车所有人出具《报废汽车回收证明》,回收企业经查验《通知书》后将车辆解体并照相

5	车主持《变更表》《××省更新汽车技术鉴定表》和《报废汽车回收证明》及车辆解体照片,经机动车查验岗核对并签字,回收牌证,按规定上报审批,办理报废登记

图2-3　私家车报废手续办理流程

任务小结

(1)随着技术不断发展,我国对车辆的报废标准、使用寿命的规定做了合理的修订。

(2)设定合理的汽车报废标准,做好报废汽车处理工作,可以提高道路行驶的车辆安全性、维护旧机动车交易市场的正常运行,促进其发展。

学习任务三　旧机动车技术状况静态检查

 任务概述

由于机动车本身具有较强的工程技术特点,且在使用过程中,其损耗的大小,会因使用强度、使用条件、维护水平的不同而产生很大的差异。因此,在评定该车辆实物及其价值状况时,必须以车辆的技术状况定为根本依据。

静态检查:是指车辆在静态状态下,评估人员根据自己的经验和技能,辅以简单的工量具,对于旧机动车的技术状况进行静态直观检查。

通过静态检查能够快速、全面地了解旧机动车的大概技术状况,发现一些较大的缺陷,如严重碰撞或其他原因导致的车身(或车架)结构性损坏、发动机或传动系严重磨损、车厢内部设备不良等,为评估提供价值依据。

旧机动车静态检查主要包括识伪检查和外观检查两大部分。其中识伪检查主要包括鉴别走私车辆、拼装车辆和盗抢车辆等,外观检查包括发动机舱、车舱车底和鉴别事故车等内容。

 主要学习任务

1. 识伪检查
2. 外观检查

子任务1　识伪检查

 任务描述

5月20日,武汉市民李老板决定给自己的女儿购买一辆二手车,李老板在网上找到了一部心仪的二手车;第二天李老板约好车主及二手车评估师对该车进行评估。

该车为一辆一汽大众迈腾,已行驶96000公里,车辆的日常保养能够按时到4S店去进行。前一年该车曾因发生过一次车辆的追尾交通事故而进行一次维修。二手车鉴定评估师将对该迈腾车进行静态检查评估。

 学习目标

(1) 熟悉汽车静态检查中识伪的流程。
(2) 掌握汽车识伪检查的目的。
(3) 具备信息查询和手册使用的基本能力。
(4) 能够初步进行旧机动车的静态检查识伪检查。
(5) 会运用所学知识和经验,为客户提供旧机动车静态检查中识伪检查的建议。
(6) 能够按照企业5S要求和安全生产规范进行操作。
(7) 养成自主学习的习惯,培养规范操作的工作作风及合作意识。
建议学时:6学时。

 知识准备

所谓识伪检查主要是指对通过走私或非官方正规渠道进口的汽车进行识伪和判断。这些汽车有的是整车,有的是散件境内组装,甚至有些是旧机动车拼装成的整车。如何识别此类车辆,是一项重要并且十分艰难的工作。必须凭借评估人员所掌握的知识和经验,结合管理部门的信息资料,对车辆进行全面细致的检查和鉴别,将这部分车辆与其他正常车辆区分开,使旧机动车交易规范、有序地进行。

盗抢车辆是指公安车管部门已登记上牌的,在使用期间内被不法分子盗窃的,并在公安部门已报案的车辆。这类车辆被盗窃时的方式多种多样,它们被盗窃后所遗留下来的痕迹会有所不同。如撬开门锁、砸车窗玻璃、撬转向盘锁等,都会留下痕迹。同时,这些被盗赃车大部分经过了一定修饰后,才会卖出。

一、鉴别走私和拼装车辆

1. 走私车辆和拼装车辆的定义

1) 走私车辆
走私车辆指没有通过国家正常进口渠道进口的,并未完税的车辆。
2) 拼装车辆
拼装车辆指非法组织生产或拼装的,无产品合格证的假冒、质量低劣汽车,包括以下类型:
(1) 境外整车切割、境内焊接拼装车辆;
(2) 进口汽车散件国内拼装的国外品牌汽车;
(3) 国内零配件拼装的国内品牌汽车;

（4）旧机动车拼装车辆，即两台或者几台车拼装成一台汽车；

（5）国产或进口零配件拼装的杂牌汽车。

2. 走私车和拼装车的鉴别

（1）查看汽车型号，看是否在我国进口汽车产品目录上。不在，则是走私或拼装车。

（2）看外观是否有重新喷过油漆的痕迹，尤其是顶部以下风挡玻璃框处要特别注意，因为有一种最常见的走私车就是所谓"割顶车"，走私者在境外从车顶以下风挡玻璃框处将汽车割成两部分，然后在境内再将两部分焊接起来，达到走私整车的目的，如图3-1所示。

图3-1 评估师在检查车是否被切割

（3）打开发动机盖，观察发动机室内各路线、管路布置是否有条理，是否有重新装配和改装的痕迹。发动机其他零配件是否正常、有无杂音。空调是否制冷，有无暖风。发动机及其他相关部件有无漏油现象。

（4）我国现有"水货"车中日本车较多，故右驾改为左驾的车较多。走私者将右驾改左驾时，为了降低成本，不可能更换变速器，自动变速器的车右驾改左驾通过变速杆就可以识别，变速杆的保险按钮仍在右侧，通过这一点就可以识别不少的"水货"车。

（5）查看内饰材料是否平整，表面是否干净。尤其是压条边沿部分要仔细检查，经过再装配过的车辆内饰压条边沿部分有明显手指印或其他工具碾压过后留下的痕迹。车顶部装饰材料或多或少会留下弄脏过的痕迹。

二、鉴别盗抢车辆

1）检查随车证照

行驶证等随车证照是车辆的"身份证"，随车证照上登记的发动机号、车架号等是车辆身份的唯一凭证。因此，可以通过审查车辆与行驶证上的牌照、车辆及发动机号、车架号是否一致来判断车辆的合法性。随车证照如图3-2所示。

图3-2 评估师检查随车证照

2）检查牌照号与车辆的新旧程度是否相符

一些犯罪分子为了逃避打击，将盗抢来的机动车换上其他车的号牌甚至假号牌，这可能会造成车辆牌照号与车辆新旧程度不相符的情况。遇到这种情况，可以到车辆管理部门核查该号牌所属的车辆情况,看看是否是原车牌照。如果牌照号与车辆种类、型号对不上,这辆车肯定来历不明。

3)检查车锁、车钥匙和点火装置

检查点火开关和车锁,看是否完好,有无更换痕迹,并检查车钥匙,看是否是原配。犯罪分子往往采用破坏车锁和点火开关的方法将车盗走,然后换上新锁。在卸锁和换锁的过程中,肯定会在车锁和锁眼附近留下撬、划的痕迹,只要仔细查看,分辨赃车并不难。

4)检查玻璃

砸碎车玻璃进入车内进行盗窃,是犯罪分子经常使用的伎俩之一。如普桑车,破坏车前门或后门上方三角玻璃的盗窃方式就很常见。汽车的所有原装玻璃都是相同型号的,犯罪分子后配的车玻璃一定是和原车玻璃有差异,这个差异可能体现在玻璃色泽上,也可能体现在品牌或型号上。另外,在打碎玻璃后,犯罪分子用铁丝钩开锁时可能使前门的玻璃密封条松动或损坏,如图3-3所示。

图3-3 评估师检查玻璃

5)查看车身颜色

为了掩人耳目,很多犯罪分子将被盗抢汽车重新喷漆,改变颜色后既不容易被发现,也方便销赃。尽管车身颜色变了,但在发动机舱边缘、行李舱内侧、保险杠内侧以及其他边缘处仍无法与原车的底色一致。一旦发现车辆有整车重新喷漆的痕迹,需要慎重考虑是否为合法车辆。

6)查看发动机号和车架号有无改动痕迹

(1)先看发动机号、车架号是否有焊接、凿改的痕迹。

(2)用手摸发动机号和车架号,感觉号码周围是否有大的起伏或凸出,如有则改动过。

(3)刮,是指用铁片、螺丝刀等硬物刮发动机号和车架号。正常号码是先打在金属板上后喷漆处理,刮起来不易损坏,焊接的车号则是用腻子在金属板上堆出号码再喷漆。

(4)敲,是指用橡皮锤敲几下号码周围,正常号码是打在金属板上不容易出现裂缝和脱落现象;被焊接的车号很可能有不牢固的地方会出现裂缝和脱落现象。

(5)最后是洗。如果发现车辆年头较长,但车架号部分较新,可以用化油剂清洗车架号码,新上的漆会脱落,车号被打磨的痕迹就能显示。

7)检查前风窗玻璃所贴票证

前风窗玻璃右上角是否有车检、税票证,也是判断车辆是否是赃车的因素之一。犯罪分子在销赃过程中,怕有人通过票证看出问题,往往将各种票证刮掉。

8)在公安交管部门查询

可以进入公安交管部门被强盗车辆查询系统查询掌握车辆的状态情况。被盗车辆从车主报案起,其档案资料就被公安车辆交管部门的档案资料进行检索,是发现赃车的一种有效方法。

操作指引

1. 组织方式

(1) 场地设施:举升机一台。
(2) 设备设施:自动挡新迈腾、老款走私迈腾、汽车手续资料若干。
(3) 工量具:常用工具(一套)、万用表等。

2. 操作要求

(1) 穿着干净整齐的工作服。
(2) 遵守场地安全规定,注意用电安全。
(3) 运用相关的知识正确地检查车辆。

 任务实施

1. 鉴别走私和拼装车辆

鉴别全新迈腾与老款走私迈腾在外观、内饰等方面的区别,并在表3-1中详细记录。

车 辆 鉴 别 记 录　　　　　　　　　　　　表3-1

鉴别步骤	鉴别部位	相同与区别之处	注意事项
1			
2			
3			
4			

2. 审核车辆手续

提供完整及不完整汽车手续资料若干,由小组开展审核,并记录残缺部分资料。

 任务小结

(1) 熟悉汽车静态检查的流程。
(2) 掌握汽车识伪检查的检查内容。
(3) 正确运用汽车识伪检查知识对旧机动车进行检查。

子任务2　外观检查

 任务描述

6月20日,武汉市民李老板开车去接生意伙伴,生意伙伴刚刚上车就和李老板说:"李老板你应该换辆车了,你的车已经年迈了,不符合你的身份。"李老板为了能留住这个大的生意伙伴从而决定换车。第二天李先生将车开到维修站进行评估出售。

该车为一辆一汽大众迈腾,已行驶96000km,车辆的日常保养能够按时到4S店去进行。前一年该车曾因发生过一次车辆的追尾交通事故而进行一次维修。二手车鉴定评估师将对该迈腾车进行静态检查评估。

 学习目标

(1)熟悉汽车静态检查中外观检查的流程。
(2)掌握汽车外观检查的检查内容。
(3)掌握车辆外观检查的检查项目。
(4)会运用所学知识和经验,为客户提供汽车外观检查的建议。
(5)具备信息查询和手册使用的基本能力。
(6)能够按照企业5S要求和安全生产规范进行操作。
建议学时:10学时

 知识准备

外观好比人的皮肤,车辆外观不会影响车辆性能,但观察其外观能看出车主对车的保养情况和使用强度。外观检查包括:轮胎、行李舱、车灯、发动机舱、胶条、翼子板、底盘、车门、车漆、前风窗、缝隙、ABC柱焊接点等检查。

对旧机动车外观的评估,要从外观鉴别新旧程度以及是否曾经翻修。虽然车辆外观不会影响车辆使用性能,但观察其外观可看出前车主对车的爱护程度和使用强度。这里说的外观检查,不单纯是车辆的外部,底盘等暴露在视线中的部位均属于外观。

所需的知识准备,请参考本教材的"汽车基本构造原理"部分内容。

1. 检查车身技术状况

1)漆面检查

检查该车是否重新喷过漆,有无色差,新补的漆往往在色彩上不同于原车漆,一般电子配漆会比原车漆鲜艳,而人工漆会比原车漆色暗淡一些(图3-4)。

除了通过肉眼观察,还可以通过油漆漆膜测膜仪判断是否重新喷涂过油漆(图3-5)。

图3-4 肉眼方式检查车身漆面

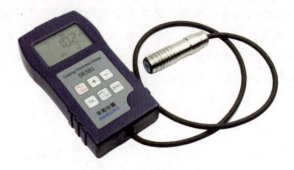

图3-5 油漆漆膜测膜仪

下面介绍油漆漆膜测膜仪的使用。

(1)油漆漆膜测膜仪的屏幕显示,如图3-6所示。

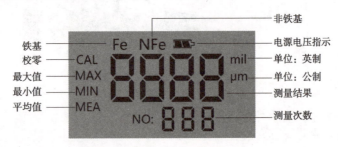

图3-6 屏幕显示

(2)油漆漆膜测膜仪的使用说明。

仪器装上电池后,按下"ON/OFF"按键开机,等蜂鸣声响后,液晶显示屏上显示0时,仪器自动进入测量状态,直接将测头垂直并快速紧压到工件表面的涂镀层上,仪器通过测头自动测量出涂层厚度,并通过显示屏把厚度值显示出来,图3-7所示当前测量结果为$102\mu m$,测量次数为20次。注意:测量时注意测头保持垂直。

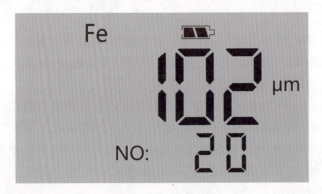

图3-7 测量结果

2)车身尺寸的检查

检查车身是否发生碰撞受损。可以采取观察车身左右对称的方式,在距车前部5~6m的位置蹲下,观察汽车车身各部的周正、对称情况,如果出现不直,缝隙大小不一等,说明该车可能出现过事故;观察两侧,前、后轮应排成一直线。如果发现一侧车轮比另一侧车轮更突出车身,表明汽车曾发生过碰撞。

3)车身防腐情况的检查

主要检查挡泥板、减振器、车灯周围、车门底部、轮舱内、车窗、车门排水槽等接缝处。如果发现车身锈蚀情况严重,说明该车使用条件恶劣,使用年份久。

2. 检查发动机舱

1)检查发动机舱清洁情况

打开发动机罩,查看发动机表面是否清洁,是否有油污,是否有锈蚀,是否有零部件的损坏或遗失,线路、管路是否松动,如图3-8所示。如果发动机上布满了灰尘,说明该车的日常维护不够好;发动机表面如果特别干净,也有可能是车主在此前对发动机进行了特别的清洗,并不能由此判断车辆状况就一定很好。

检查发动机舱

2)检查发动机铭牌

查看发动机上有无发动机铭牌,如图3-9所示。如果有,查看发动机型号、出厂编号、主要性能指标等,通过铭牌上信息可以判别发动机是不是正品。

图3-8 检查发动机清洁情况

图3-9 检查汽车铭牌

3)检查发动机冷却系统

主要检查冷却液、散热器、水管、风扇皮带和冷却风扇等。

(1)检查冷却液。冷却液的颜色应该是浅绿色或红色,闻起来不应该有汽油或机油的气味,如果有,则说明发动机汽缸垫可能已烧坏。检查冷却液面上是否有其他的异物漂浮:如有油污浮起,表示可能有机油渗入到里面;如发现锈蚀的粉屑漂浮,表示散热器内的锈蚀情况已经很严重。这些说明该车发动机状况不是很好,要特别注意,如图3-10所示。

(2)检查散热器。检查散热器是否有褪色或潮湿的地方;观察散热器盖上的腐蚀情况和橡胶密封垫片的密封情况等。

(3)检查水管。用手挤压散热器软管,查看

图3-10 检查储液灌中的冷却液

是否有裂纹或老化情况,如图3-11所示。

(4)检查散热器风扇皮带。仔细检查传动带的外部,查看是否有裂纹或层皮脱落;检查传动带与皮带轮接触工作区域是否已经磨得发亮等。

(5)检查冷却风扇。检查冷却风扇叶片是否有变形或损坏,如图3-12所示。

图3-11　检查冷却系统软管　　　　　　图3-12　检查冷却风扇

4)检查发动机润滑系统

主要检查机油质量、机油泄漏、机油滤清器等项目。

(1)检查机油,如图3-13所示。

第一步:找出机油口盖。在拧开机油口盖之前,一定要保证开口周围区域干净以防止灰尘进入而污染发动机。

机油检查的规范操作

第二步:打开机油口盖。

第三步:检查机油质量。取一片洁净白纸,在纸上滴下一滴机油。如果有较大的硬质沥青及碳粒等,表明机油滤清器的滤清作用不良,机油很脏,但并不说明机油已变质;如果纸上的黑点较大,且油是黑褐色的、均匀且无颗粒,黑点与周围的黄色油迹有明显的分界线,则说明机油已经变质。

第四步:检查机油气味。拔下机油尺,闻一下机油尺上的机油有无异味。如果有汽油味,则说明机油中混入了汽油,汽车长期在混合气体过浓的情况下运行。

第五步:检查机油油位,如图3-14所示。

图3-13　检查机油　　　　　　　　图3-14　检查机油油位

起动发动机运转一会儿,停机5min以后,打开发动机舱,抽查机油尺,用抹布将机油尺上的油迹擦干净后,插入机油尺导孔,再次拔出查看,油位在上下刻度之间,即为合适。若机油油位过低,则观察车下的地面是否有机油,是否有机油泄漏的现象。

(2)检查机油滤清器。用专业的机油滤清器扳手拆下机油滤清器,观察机油滤清器外壳有无裂纹,密封圈是否良好。

(3)检查机油泄漏。可能发生泄漏的地方主要有:气门室罩盖、气门室盖垫、油底壳垫片、曲轴前、后油封、油底壳放油螺栓(放油螺栓松动或密封损坏,会造成机油渗漏)、机油滤清器、机油散热器管路、机油散热器、机油压力感应器。

5)检查点火系统

点火系统的外观检查主要是检查蓄电池、点火线圈、高压线、分电器、火花塞等零件。

蓄电池的检查如下:

(1)蓄电池外观检查,检查蓄电池外观是否有损伤或损坏,是否有鼓包等情况,如图 3-15 所示。

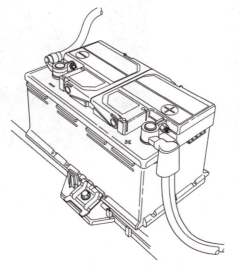

使用蓄电池容量测试仪测试蓄电池容量

图 3-15 蓄电池外形

(2)通过蓄电池观察镜,检查充电状态或者电解液液位。

当从蓄电池观察镜观察颜色的结果为"暗"或"清晰或淡黄"时则表示蓄电池性能不正常,如图 3-16 所示。

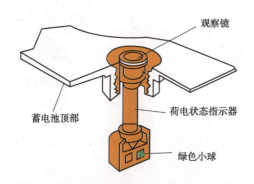

观察镜颜色	蓄电池的情况
绿色	良好
暗	需要充电
清晰或淡黄	需要更换

图 3-16 蓄电池观察镜

(3)使用蓄电池容量测试仪测试蓄电池容量。

蓄电池容量测试仪是通过短时间放电方式来测试蓄电池的容量的一种仪器。其主要由测试仪主机、测试电缆、测试接触指针三部分组成,如图3-17、图3-18所示。

(4)测试时先将容量仪的负极探针接触在蓄电池负极桩头上,再将正极探针接触到蓄电池正极桩头上。测试时必须确保接触良好。

使用蓄电池容量测试仪过程中应注意的事项:

在使用蓄电池容量测试仪过程中注意控制测量的时间不能太长,否则会影响到该仪器的使用寿命。

若两次测量过程间发现仪器过热的,则仪器不能够正常测量,需等候一定的时间让其散热至温度下降后方可进行下一次测量。

图3-17 容量测试仪外观

图3-18 容量测试仪的测量面板

当容量测试仪的两个测试接线柱接触蓄电池端子时因有较大电流流过,故需保证两个端子均接触良好。

6)检查供油系统

主要检查燃油是否泄漏、汽油管路是否老化、燃油滤清器是否需更换等。

7)检查进气系统

检查进气软管是否有老化、变形、变硬、是否有损坏;检查空气滤清器的清洁情况,如图3-19所示。

3. 检查内室

(1)检查操纵控制机构是否完好,转向自由行程是否在正常范围内,离合器踏板、制动踏板的自由行程和工作行程是否正常,加速踏板是否灵活自如、行程是否合适,变速杆行程和自由度是否正常,驻车制动器的行程是否正常,如图3-20所示。

检查内室

(2)查看座位的新旧程度,座椅是否下凹,车顶的内篷是否开裂,地毡或脚印板是否残旧,车厢内部是否污秽发霉。揭开地毡或脚印板,查看车厢底板是否有潮湿或生锈的痕迹。如果有的话,说明该车下雨时可能漏水,如图3-21所示。

(3)查看四周玻璃升降是否灵活。

(4)查看仪表盘是否原装,仪表盘底部有没有更改过电线的痕迹。

(5)检查各电气设备是否完好,各开关、仪表工作是否正常,如图3-22所示。

图3-19 检查空气滤清器

图3-20 转向盘的检查(按箭头所示转动)

图3-21 内饰的检查

图3-22 检查点烟器

4. 检查行李舱

(1)检查行李舱锁。检查行李舱锁的开闭功能,有些车的行李舱只能用钥匙打开观察行李舱安装是否牢靠,如图3-23所示。

(2)检查气压减振器。一般行李舱采用气体助力支柱,检查气体助力支柱是否泄漏。失效的气压减振器可能使行李舱盖自动倒下而发生危险。

(3)检查行李舱开关拉锁或电动开关。有些汽车在乘客舱内部设有行李舱开启拉锁或电动开关,操作开关,确保其能够工作,观察行李舱盖能否正常打开。

(4)检查防水密封条。行李舱防水密封条对行李舱内部和车身地板的防护是十分重要的,应仔细检查防水密封条有无划痕、损坏和脱落。

(5)检查内、外油漆是否一致。对行李舱内部进行近距离仔细检查,观察油漆是否相配,内部的颜色是否与外部的颜色相同,当汽车重新喷漆时,行李舱、发动机罩底部和车门柱等部位的喷漆通常价格昂贵。所以,一些廉价的喷漆作业并不包括这些工作。行李舱内、外颜色不相配表明后部行李舱可能有过碰撞修理。查看行李舱盖金属结构件、地板垫、后排座椅后板、线路或是尾灯后部等是否完好。

(6)检查行李舱地板。拉起行李舱中的地毯,观察地板是否有生锈、修理和焊接痕迹,检查有无发霉的迹象。

(7)检查备用轮胎,检查备胎是否完好,备胎的花纹深度可以从一个侧面反映出该车的使用情况。检查备胎胎压是否正常。

(8)检查随车工具。检查是否有原装的千斤顶、轮胎拆卸工具、三角牌和灭火器等随车工具,如图3-24所示。

图3-23　检查行李舱　　　　　　　　　图3-24　检查随车工具

(9)检查门控灯。通常在行李舱上有门控灯,当行李舱盖打开时,门控灯应该自动点亮。

(10)检查行李舱盖的对中性和闭合质量。按下行李舱盖,行李舱盖应不用费很大力气就可能正常闭合。行李舱盖关闭后,舱盖与车身其他部分的缝隙均匀,不能有明显的偏斜现象。

5. 检查车身底部

(1)检查发动机是否固定可靠,检查发动机与传动系的连接情况,燃油箱及燃油管路不得有漏油现象。燃油管路与其他部件不应有磨蹭现象。检查软管有无老化、开裂、磨损等异常现象。

(2)检查排气管上所有的吊架,查看消声器是否齐全,排气系统有无破损和漏气现象。

检查车身底部

(3)检查减振器是否漏油,如图3-25所示。

(4)检查转向节臂和转向横拉杆有无裂纹和损伤,检查球头销是否有松旷,各运动部件有无干涉、摩擦现象。

(5)检查轮胎。检查车轮轮毂轴承是否松旷、损坏。检查轮胎磨损情况,如图3-26所示。

图3-25　检查减振器　　　　　　　　　图3-26　检查轮胎

操作指引

1. 组织方式

(1)场地设施:举升机一台。

(2)设备设施:各品牌车型若干。

(3)工量具:常用工具(若干)、手电筒、毛巾、卷尺或钢尺、万用表等。

2. 操作要求

(1)穿着干净整齐的工作服。

(2)遵守场地安全规定,注意用电安全。

(3)正确使用万用表、诊断仪等工量具。

(4)正确运用相关知识对汽车进行检查。

 任务实施

请完成指定车辆的外观检查,并在表3-2中做好记录。

车辆外观检查记录　　　　　　　　　　表3-2

检查步骤	检查部位名称	检查结果	注意事项
1			
2			
3			
4			
5			

 任务小结

(1)熟悉汽车车身外观检查的流程。

(2)掌握汽车车身外观检查的内容。

(3)正确运用汽车车身外观检查知识对旧机动车进行检查。

学习任务四　旧机动车技术状况动态检查

任务描述

张先生2013年3月购买一汽大众迈腾1.8T领先版,新车购置价为24万元。家庭自用车,手自一体DSG变速器、天窗版、真皮电动加热座椅、车身颜色为黑色,4S店定期保养,无重大事故,发现该车仪表上发电机充电指示灯不亮,且该车发动机管理系统故障灯长亮(发动机故障指示灯),该车行驶了65000km。现张先生想卖掉该车,要对该车辆进行动态检查。

学习目标

(1)了解旧机动车动态检查的主要内容。
(2)熟悉汽车各系统的性能指标。
(3)学会初步进行汽车各系统的动态技术状况检查。
(4)学会运用所学的知识和经验,对车辆做出总体评测。
(5)需要互间配合完成,严格按检查步骤进行。
(6)需要遵守安全生产规范进行操作。
(7)学会汽车专用数字式万用表测量充电系统的方法及简单判断能力。
(8)学会汽车电脑故障诊断仪读取汽车电控系统故障码的方法。
建议学时:12学时。

知识准备

一、车辆动态检查含义

动态检验是指在汽车工作(发动机在运转、汽车在运动或静止)状态下,检测人员根据技

能和经验,辅以简单的工具,对汽车的技术状况进行检查鉴定。

二、汽车技术状况等级

汽车技术状况分为完好车、基本完好车、需修车、停驶车(即一级、二级、三级、四级)。

三、汽车性能变差的表现形式

由于机械摩擦磨损,间隙增大。外界载荷作用使各调整间隙失调,造成机构性能变差。零部件受到强电流、强火花作用而烧蚀,使正常工作性能受到影响。非金属材料制成的零部件自然老化,甚至破损断裂而丧失工作能力。各种磨损颗粒、外界灰尘及各种运行材料燃烧、受热产生的积炭、结胶和水垢等沉积在工作表面,而引起各零部件工作性能变化。各种零部件在应变力下产生的疲劳损坏、断裂和过度变形。

四、汽车设计制造质量的影响

由于汽车结构比较复杂,各总成、组合件、零件的工作状况也各不相同,具有较大差异,不能完全适应各种运行条件的需要,在使用中就暴露出某些薄弱环节。汽车结构设计的科学性、合理性,材料的优劣,制造装配质量等都直接影响汽车的技术状况。

五、配件质量的影响

在制造或修理加工零件过程中,由于工艺不符合规定或满足不了零件的技术要求。在维修过程中凑合使用,这样就破坏了零件表面应有的几何形状和机械性能,使装配零件间的相互关系和位置发生变化,因而造成零件的技术使用性能变差,容易使零件产生早期损坏。

六、燃油及润滑材料品质的影响

在使用中,为保证汽车正常工作,必须合理地选择适宜的燃料及润滑油料,否则将加剧汽车各总成和零件的磨损,降低汽车的使用性能,使汽车的技术状况恶化。燃油中重馏分成分较多时,燃油不易挥发、雾化,且冲刷润滑油膜,使润滑条件变差,加剧零件的磨损,燃油中含硫量越多,对发动机的化学腐蚀就越大。润滑油品质对润滑质量有直接的影响,黏度大则流动困难,反之不能形成稳定油膜。

七、运行条件的影响

外部气温影响零件强度、润滑条件、零件间的相互配合,温度过高或过低,都不利于汽车正常工作。气温过高,易造成发动机过热,使润滑油黏性下降,润滑效果变差,发动机易爆燃或早燃,加剧机件磨损。气温过低,发动机热效率低,经济性变差,润滑油黏性增大,使得润滑条件变差,加速机件磨损,发动机低温启动困难。

八、道路条件因素影响

道路条件对汽车的行驶阻力、行驶速度、燃料消耗及磨损均有很大的影响。在良好道路上行驶的汽车,行驶速度能得到发挥,燃料经济性较好,零件磨损较小,使用寿命就长;反之,汽车主要总成的使用寿命就有大幅度下降。在不良的路面行驶时,汽车制动次数增多,换挡频繁,加剧离合器摩擦片、制动盘与制动片的磨损。

九、驾驶操作的影响

养成正确的驾驶操作习惯对延长汽车使用寿命有直接的影响,如采用冷摇慢转、预热升温、轻踏缓抬、平稳行驶、及时换挡、爬坡自如、掌握温度、避免灰尘等一整套合理的操作方法。

十、装载质量的影响

汽车的最大装载质量必须严格控制在汽车制造厂规定的范围值内。如果超载,各总成、零件的工作负荷增加,零件磨损速度明显加快,使得工作状况趋向不稳定。发动机长时间处于高负荷状况下工作,会造成发动机过热,使得发动机磨损量增加。

十一、行驶速度的影响

汽车行驶速度对发动机磨损量的影响比装载质量的影响更为明显。发动机处于高速运转时,活塞平均速度高、压力大,故磨损量也相应加大。发动机处于低速运转时,机件润滑条件相对较差,磨损量同样加剧。加速滑行这种方法比稳定中速行驶给发动机的磨损量要增加25%~30%。发动机起动次数越多,加速终了的速度越高,速度变化范围就越大,发动机的磨损量亦越大。

十二、充电系统

汽车充电系统主要由点火开关、蓄电池、交流发电机及工作状态指示装置(充电指示灯或充电警告灯)组成,如图4-1、图4-2所示。

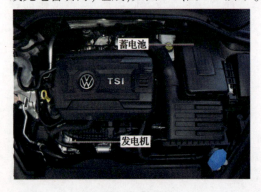

图4-1 充电系统

图4-2 仪表显示

十三、发电机

发电机作为汽车运行中的主要电源之一,担负着除了启动系统之外所有设备的供电和向蓄电池充电的任务。

一汽大众汽车的仪表上有一红色指示灯,其图形与蓄电池外观形状相似(图4-2)。在充电系统正常情况下,当点火开关置于"ON"挡位时该灯点亮,发动机运行且充电系统正常发电时该灯熄灭。如果发动机运行过程当中,该灯点亮或闪烁则表明充电系统有故障。

十四、汽车专用万用表

汽车专用万用表可用来测量直流和交流电压、直流和交流电流、电阻、电容、电感、频率、电池、二极管、三极管及连续性测试(本章节仅讲解使用汽车专用万用表测量蓄电池直流电压部分)。

(1)汽车专用万用表一般由主机及其测试电缆(测试探头)组成,如图4-3所示。

(2)汽车专用万用表的挡位情况,在测量之前需根据实际测量的内容将挡位调整到正确的位置,如图4-4所示。

图4-3　汽车专用万用表

图4-4　汽车专用万用表各常用挡位

十五、汽车电脑故障诊断仪

汽车电脑故障诊断仪(又称汽车故障解码器、汽车解码器)是用于检测汽车电子控制系统故障的便携式智能仪器,可以通过它与汽车上各个控制系统控制单元进行"沟通与交流"以获取控制系统中的各种信息。如:可通过读取汽车电控系统中的故障信息,并通过液晶显示屏显示,协助汽车维修技师迅速查明发生故障的部位及原因。

1. 汽车电脑故障诊断仪组成

汽车电脑故障诊断仪主要由主机、诊断接头、诊断电缆三部分组成,如图4-5所示。

2. 汽车电脑故障诊断仪各功能按键及接口说明

汽车电脑故障诊断仪各功能按键及接口说明,如图4-6所示。

3. 汽车电脑故障诊断仪功能

汽车电脑故障诊断仪是维修中非常重要的工具,一般具有如下几项或全部的功能:①读取故障码;②清除故障码;③读取发动机静态、动态数据流;④示波器功能;⑤元件动作测试;⑥匹配、设定和编码等功能;⑦英汉辞典、计算器及其他辅助功能。汽车电脑故障诊断仪大都随机附有使用手册,使用过程中可按照使用手册的说明进行操作。(本章节根据旧机动车鉴定评估需求,仅介绍其读取电控系统故障码功能部分)

图4-5　主机、诊断接头、诊断电缆

图4-6　汽车电脑故障诊断仪功能图

十六、一汽大众迈腾汽车仪表上部分故障指示灯功能说明(表4-1)

故障指示灯说明　　　　　　　　　　　　　　　表4-1

序号	图　案	说　明
1	🛠	常亮或闪烁:排气系统发生故障
2	EPC	常亮或闪烁:发动机管理系统存在故障
3	(ABS)	常亮或闪烁:ABS发生故障或工作不正常
4	(P) (!)	常亮或闪烁:电子驻车制动器存在故障
5	🚗	常亮:ESP发生故障或因系统原因关闭
6	🛞 🛞	常亮或闪烁:转向机构存在故障
7	⚙	常亮或闪烁:OSG双离合器变速器过热

操作指引

1. 组织方式

(1) 场地设施：室内场地——准备举升机一台、装有废气抽排系统和消防设施的场地、室外场地——宽阔道路。

(2) 设备设施：自动挡迈腾轿车。

(3) 工量具：常用工具(一套)、万用表、汽车发动机故障诊断仪。

(4) 耗材：白纸两张、纸巾或抹布两张。

2. 操作要求

(1) 穿着干净整齐的工作服。

(2) 遵守场地安全规定，注意用电安全。

(3) 会驾驶车辆，有驾驶证。

(4) 正确使用万用表等工量具。

(5) 正确规范使用汽车电脑故障诊断仪。

任务实施

1. 无负荷时的工况检查

1) 发动机起动状况的检查

在正常情况下，用起动机起动发动机时，应在三次内起动成功。起动时，每次时间不超过 5~10s，再次起动时间要间隔 15s 以上。若发动机不能正常起动，说明发动机的起动性能不好。

发动机起动状况的检查

如果由于发动机曲轴不能转动而导致发动机无法起动，其原因主要可能是蓄电池电量不足或起动机工作不良，也可能是发动机运转阻力过大。

如果起动时曲轴能正常转动，但发动机起动仍很困难，对于汽油发动机，其原因主要可能是点火系统点火不正常、火花塞火弱或无火；燃油系统工作不良，混合气过稀或过浓；汽缸压缩压力过低等。

2) 发动机无负荷时的检查

(1) 检查发动机怠速运转情况。

怠速工况下，发动机应在规定的转速范围内稳定地运转。如果怠速转速过高或运转不稳定，说明发动机怠速不良。发动机在正常工作温度时怠速大约为 800r/min，如图 4-7 所示。

(2) 检查急加速性。

待冷却液温度、油温正常后，通过改变节气门开度，检查发动机在各种转速下运转是否平稳。改变转速时，过渡应圆滑。

(3) 检查发动机窜油、窜气。

打开润滑油加注口，缓缓踩下加速踏板，如果窜气严重，肉眼可以观察到油雾气，如

图4-8所示。

(4) 检查排气颜色。

正常的汽油发动机排出的气体应该是无色的,在严寒的冬季可见白色的水汽,如图4-9所示。

(5) 检查发动机熄火情况。

对于汽油机,关闭点火开关后,发动机正常熄火。

3) 检查转向系统

(1) 转向盘自由行程检查。

发动机运行状况

图4-7 发动机怠速

图4-8 发动机窜气检查

将车辆停放在平坦路面上,左右转动转向盘,从中间位置向左或向右时,转向盘游动间隙不应该超过30mm,如图4-10所示。

(2) 转向系统传动间隙的检查。

转向盘自由行程

图4-9 尾气颜色检查　　　图4-10 转向盘自由行程检查

4)充电系统检查

(1)正确安装并调整汽车专用数字式万用表。

将红色测试探头插入到主机上方的"V"孔,将黑色测试探头插入到主机上方的"COM"孔中。

将挡位调整至直流电压"20V"位置,如图4-11所示。

(2)定位蓄电池。

在发动机舱内上找到蓄电池盖,并将盖板打开,如图4-12所示。

充电系统检查

图4-11　万用表挡位正确调整

图4-12　蓄电池安装位置

(3)静态下测量蓄电池电压情况。

在发动机停转20 min之内,将点火开关置于"ON"位置(图4-13中的2位),观察仪表上充电指示灯应该点亮。打开电气系统(前照灯、鼓风机马达、后除雾器等)60 s,去除蓄电池上的表面电荷,如图4-13所示。

关闭点火开关(图4-14中的0位)和电气系统。

将红色探头接触至蓄电池的"+"极桩,黑色探头接触至蓄电池的"-"极桩,便在主机的屏幕上可读出蓄电池的电压值,如图4-14所示。

标准电压:20 ℃(68°F)时为12.5至12.9 V。

(4)发电机充电时蓄电池电压情况。

起动发动机,将发动机转速至2500r/min。打开所有车辆附件。确认蓄电池电压在12.6~15.0V之间。

观察仪表上蓄电池充电指示灯,此时应该熄灭。

5)使用汽车电脑故障诊断仪进行故障码检查

(1)安装汽车电脑故障诊断仪。

将诊断电缆一端与诊断接头连接,诊断电缆另一端与主机下方接口正确连接,如图4-15所示。

故障诊断仪检查

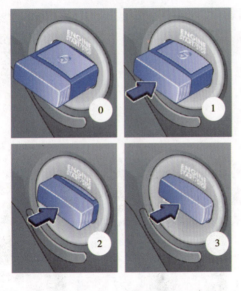

图 4-13　开启点火开关

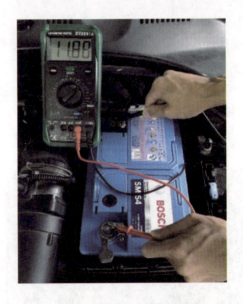

图 4-14　读取蓄电池电压值

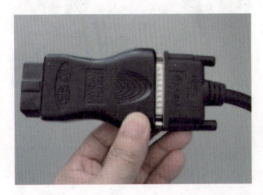

图 4-15　诊断仪接口正确连接

在一汽大众迈腾汽车上找到诊断座的位置，如图 4-16 所示。

图 4-16　诊断座位置

（2）确定点火开关处于"OFF"挡位，如图4-17"0"位置。

图 4-17　点火开关

（3）将诊断接头与汽车上诊断座正确连接。

（4）读取故障码。

汽车电脑故障诊断仪安装好之后，再将点火开关按至"ON"挡位，如图4-18"2"位置。

图 4-18　点火开关按至"ON"挡位

按下汽车电脑故障诊断仪电源按钮，按屏幕上的提示进行每一步操作，如图4-19所示。

```
欢迎使用一汽大众电脑诊断仪    电量100%    1
一汽大众专用
SDT929 便携式电脑诊断仪
主机号:30503  机器状态:解锁
主机系统制造日期:2012/05/03
主机系统版本号:V8.8 <123>
应用程序版本号:12.3 <213>
蓝牙连接状态:已连接
按确定键继续下一步操作……
```

```
          选择功能模块              2
  1. 大众测试程序
→ 2. 大众 CAN-BUS 系统
  3. 大众防盗读码
  4. 蓝牙接头匹配
  5. 演示程序
  6. 快速升级
     上下键移动光标，确定选择，退出键返回
```

图 4-19

| 系统主菜单 | 3 |

→1. 汽车诊断测试
2. 历史测试记录
3. 系统参数设置
4. 帮助
上下键移动光标,确定键选择,退出键返回

| 诊断座位置及接头提示 | 4 |

大众车系诊断座说明
16针诊断座位于驾驶室转向盘下方,请选用"VW-CAN"[编号:BT01-046]进行测试,不需外接电源。
按退出键退出

| 系统主菜单 | 5 |

1. 选用控制模块
2. 选择地址进入
3. 清除所有故障码
4. 激活运输模式
5. 解除运输模式
6. 扫描网关进入
7. 扫描整车故障码
8. 保养灯归零
上下键移动光标,确定键选择,退出键返回

| 系统主菜单 | 6 |

1. 选用控制模块
2. 选择地址进入
3. 清除所有故障码
4. 激活运输模式
5. 解除运输模式
→6. 扫描网关进入
7. 扫描整车故障码
8. 保养灯归零
上下键移动光标,确定键选择,退出键返回

图 4-19

提示	7
开始扫描故障码？ □退出　　□确定	

通信连接	8
正在建立通信连接！ 请稍后……	

扫描故障码	9
正在读取故障的系统： 转向角 已经读取故障码的系统数：03 个 剩余读取故障码的系统数：16 个 请稍后……	

检测到故障的系统	01/04	10
发动机		
□变速器		
制动器		
空调系统		
中央电子		
安全气囊		
转向柱		

变速器故障表		01/02
06224	06226	

图 4-19　故障码的显示

(5)记录故障诊断仪所读出的故障码。

(6)按下"退出键"逐一退出,直至诊断仪操作主界面之后关机。

(7)将点火开关置于"OFF"挡位,如图4-20"0"位置。

图4-20　点火开关置于"OFF"挡位

(8)将汽车故障诊断仪诊断接头从汽车诊断座上取下。

(9)汽车故障诊断仪主机、诊断电缆、诊断接头三件分离。

2. 路试检查

汽车路试一般在20km左右。通过一定里程的路试检查汽车的工况。

1)检查离合器

正常的离合器应该是接合平稳,分离彻底,工作时不得有异响、抖动和不正常打滑现象。

(1)离合器分离不彻底的检查。

在发动机怠速状态时,踩下离合器踏板几乎触底时,才能切断离合器或是踩下离合器踏板,感到挂挡困难或变速器齿轮出现刺耳的撞击声;或挂挡后不抬起离合器踏板,车子开始行进,表明该车的离合器分离不彻底。

(2)离合器打滑的检查。

如果离合器打滑,会出现起步困难、加速无力、重载上坡时有明显打滑甚至发出难闻气味等现象。

(3)离合器异响的检查。

如果在使用离合器过程中出现异响也是不正常的。

(4)离合器自由行程的检查。

检查其自由行程是否合适,可以用直尺在踏板处测量。

2)检查制动性能

(1)制动性能检测的技术要求。

《机动车运行安全技术条件》(GB 7258—2017)中规定,汽车制动性能和应急制动性能的路试检测在平坦、硬实、清洁、干燥且轮胎与地面间附着系数不小于0.7的水泥或沥青路面上进行。

(2)制动性能的检查。

①检查行车制动。如果制动跑偏,很可能是同一车桥上的两个车轮制动力不等,或者是制动力不能同时作用在两个车轮上导致的。"点刹"制动检查,以30km/h车速行驶,急踩制动然后松开不应出现跑偏迹象;60km/h车速时紧急制动,车辆应能立即减速,不应有跑偏迹象。在紧急制动的情况下查看ABS有无响应,还要注意的是ABS是否会出现拖带的现象。

②检查驻车制动(手刹)。如果在坡路上拉紧手刹后出现溜车,说明驻车制动有故障。

3) 检查变速器

从起步挡加速到高速挡,再由高速挡减至低速挡,检查变速器是否够轻便灵活,是否有异响,互锁和自锁装置是否有效,是否有乱挡现象,加减车速是否有跳挡现象。怠速状态下 P-N-D-S 快速转换,切换冲击是否明显,一般四速变速器冲击较大,六速冲击较弱,DSG 感觉不到冲击。发动机在 1000r/min 以下冲击特别大,说明变速器换挡电子阀门有故障或变速器油较脏,如图 4-21 所示。

图 4-21 挡位切换检查

4) 检查转向操纵。

(1) 转动转向盘沉重的检查。

在路试旧机动车时,做几次转弯测试,检查在转动转向盘时是否感到很沉重。

(2) 摆振检查。

路试时,发现前轮摆动、转向盘抖动,这种现象称为摆振,可能的原因是转向系统的轴承过松、横拉杆球头磨损松旷、轮毂轴承松旷、车架变形或者是前束过大导致。

(3) 跑偏检查。

如果在路试中,挂空挡松开转向盘,出现跑偏问题,有可能是以下原因导致的:悬架系统故障,其中一侧的减振器漏油,或是螺旋弹簧故障;前轮定位不好,或是两边的轴距不准确;还可能是车架受过碰撞事故而变形或车轮胎压不等引起的。

汽车摆振现象

(4) 转向噪声检查。

转向时,如果动力转向系统出现噪声,很可能是以下故障造成的:油路中有空气;储油罐油面过低需要补充;油路堵塞或是油泵噪声。

5) 检查汽车的动力性

通过道路试验分析汽车动力性能,其结果接近于实际情况。汽车动力性在道路试验中的检测项目一般有高挡加速时间、起步加速时间、最高车速、陡坡爬坡车速、长坡爬坡车速,有时为了评价汽车的拖挂能力,也进行汽车牵引力检测。

(1) 检查汽车的加速性能。

汽车起步后,做加速行驶,猛踩加速踏板,各种汽车设计时的加速性能不尽相同。

(2)检查汽车的爬坡性能。

检查汽车在相应的坡道上,使用相应的挡位时的动力性能是否与经验值相近,感觉是否正常。

(3)检查汽车的最高车速。

6)检查传动系统间隙

路试中,将汽车加速至 40~60 km/h 时,迅速抬起加速踏板,检查有无明显顿挫感及金属撞击声。

7)检查机械传动效率

在平坦的路面上做滑行试验,将机动车运行到 30 km/h 时,挂入"N"挡位,将变速器换为空挡滑行,其滑行距离应不小于 200m。

8)检查传动系统与行驶系统的动平衡

汽车在任何车速下都不应抖动。

3. 路试后检查

1)检查各部件温度

检查冷却液、轮毂、制动鼓、变速器壳等温度是否正常。

2)检查"四漏"现象

(1)在发动机运转及停车时,水箱、水泵、缸体、缸盖、暖风装置及所有连接部位不得有明显渗、漏水现象,如图 4-22 所示。

图 4-22 漏水检查

(2)汽车连续行驶距离不小于 10km,停车 5min 后观察,不得有明显渗油、漏油现象,如图 4-23 所示。

图 4-23 漏油检查

(3)检查汽车的气、电泄漏现象。

(4)车辆路试后,不要着急熄火,对比发动机声音是否发生变化,将转向盘打向一端,判断助力系统工作是否正常。车外检查轮胎磨损情况,后部检查发动机是否存在烧机油现象。

 任务小结

(1)车辆正常情况下,将点火开关置于"ON"挡,则蓄电池充电指示灯点亮,发动机起动后若充电系统正常的情况下,充电指示灯应该熄灭。如果将点火开关置于"ON"挡,蓄电池充电指示灯不亮,则故障可能为充电指示灯、控制电脑、充电系统电路其中之一,需仔细诊断方可最终确定。

(2)使用汽车电脑故障诊断仪读取出故障码之后,通过维修手册上对故障码的指引方可按正确的步骤进行诊断(排除)。故障码仅仅是排除故障的"方向",而并不完全是故障"点"所在。在进行故障码检查之前,应确定汽车蓄电池电压处于正常值内。

(3)车辆技术状况受使用强度、使用条件、维修水平等因素的影响较大,作为旧机动车鉴定从业人员,只有结合不同地区市场行情和走势,采用科学合理的检查方法,借助先进的检测设备或仪器对汽车各种工况下的各项技术性能及总成、部件的技术状况进行定量、客观的评价,才能对旧机动车做出全面准确的动态鉴定。

学习任务五　旧机动车价值估算

任务概述

旧机动车评估方法是确定旧机动车评估价格的具体手段与途径,它既受评估标准的约束,又要根据实际可用的条件、数据来选择。旧机动车作为固定资产机器设备,其评估方法也同其他固定资产一样,应按照《国家资产评估管理办法》的规定,依据实际情况,选用现行市价法、重置成本法、收益现值法和处置清算法这四种方法进行评估。

旧机动车的这些特点决定了在对旧机动车评估时,不能死搬硬套资产评估中的方法,必须结合旧机动车自身特点,建立更合理的评估模型,从而使旧机动车鉴定评估方法更能适应旧机动车交易市场环境,更能客观准确地反映旧机动车的价值。

本学习任务将介绍旧机动车价值估算的相关知识。介绍现行市价法、重置成本法、收益现值法和处置清算法的基本原理、应用前提和特点,以及各个估算方法的评估步骤和计算方法。

主要学习任务

1. 现行市价法
2. 重置成本法
3. 收益现值法
4. 处置清算法

子任务 1　现行市价法

**任务描述**

现在要评估一辆轿车,在旧机动车市场上获得市场同型或相近参照物的品牌型号、购置日期、行驶里程、整车技术状况基本情况,要用现行市价法评估该车,需要收集何种信息,进行现行市价法的运用。

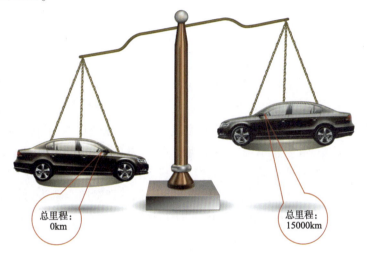

学习目标

(1)了解直接法的定义和适用范围,能够正确判断什么情况下适用现行市价法对旧机动车进行评估。

(2)能够熟悉直接法评估旧机动车并计算出最终评估价格。

(3)了解类比法的定义和适用范围,能够正确判断什么情况下适用类比法对旧机动车进行评估。

(4)能够熟悉类比法评估旧机动车并计算出最终评估价格。

建议学时:3 学时。

知识准备

一、现行市价法概述

1.定义

现行市价法又称市价法、市场价格比较法和销售对比法。是指通过比较被评估车辆与最近出售类似车辆的异同,并将类似车辆市场价格进行调整,从而确定被评估车辆价值的一种评估方法。

2. 基本原理

现行市价法的基本原理是：通过市场调查，选择一个或几个与评估车辆相同或类似的车辆作为参照车辆，分析参照车辆的结构、配置、功能、性能、新旧程度、地区差别、交易条件及成交价格等，并与待评估车辆一一对照比较，找出两者的差别及差别所反映的价格上的差额，经过调整，计算出旧机动车的评估价格。

现行市价法是最直接、最简单的一种评估方法，也是旧机动车价格评估最常用方法之一。

3. 现行市价法的应用前提

运用现行市价法对旧机动车进行价格评估必须具备以下两个前提条件：

（1）需要有一个充分发育、活跃的旧机动车交易市场，即旧机动车交易公开市场。在这个市场上有众多的卖者和买者，有充分的参照车辆可取，这样可以排除交易的偶然性。市场成交的旧机动车价格可以准确反映市场行情，这样，评估结果更加公平公正，易于为双方接受。

（2）评估中参照的旧机动车与被评估的旧机动车有可比较指标，并且这些可比较的指标技术参数资料是可收集到的，价值影响因素明确，可以量化。

运用市价法，重要的是能够找到与被评估旧机动车相同或类似的参照车辆。但与被评估资产完全相同的资产是很难找到的，这就要求对类似资产参照车辆进行调整，有关调整的指标、技术参数能否获取，是决定市场运用与否的关键。

4. 现行市价法的特点

运用现行市价法进行旧机动车价格评估，能够比较客观地反映旧机动车目前的市场情况，其评估的参数、指标，直接从市场获得，评估值能反映市场现实价格，评估结果易于被各方面理解和接受。其不足是必须要有成熟、公开和活跃的市场作为基础。另外由于旧机动车的可比因素多而且复杂，即使是同一个生产厂家生产的同一型号的产品，同一天登记，也可能由于使用强度、使用条件、维护水平的不同而带来车辆技术状况的不同和评估价值的差异。

二、现行市价法的评估步骤（图 5-1）

1. 考察鉴定被评估车辆

收集被评估车辆的资料，包括车辆的类别、名称、型号等。了解车辆的用途、目前的使用情况，并对车辆的性能、新旧程度等做必要的技术鉴定，以获得被评估车辆的主要参数，为市场数据资料的搜集及参照车辆的选择提供依据。

2. 选择参照车辆

根据评估的特定目的，待评车辆的有关参数，按照可比性原则选取参照车辆。参照车辆的选择一般应在两个以上。车辆的可比性因素主要包括：类别、型号、用途、结构、性能、新旧程度、成交数量、成交时间、付款方式等。

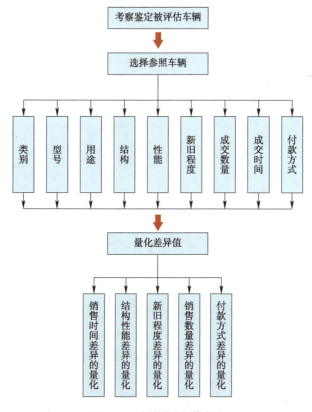

图 5-1　现行市价法评估步骤

3. 各种差异的量化

对被评估车辆和参照车辆之间的差异进行比较、量化和调整综合被评估车辆与参照车辆之间的各种可比性因素,对其作用程度加以确定,并尽可能地予以量化、调整。

1) 销售时间差异的量化

在选择参照车辆时,应尽可能地选择在评估基准日成交的案例,以免去销售时间差异的量化步骤。若参照车辆的交易时间在评估基准日之前,可采用指数调整法将销售时间差异量化并予以调整。

2) 结构性能差异的量化

汽车型号及结构上的差别都会集中反映到汽车间的功能和性能差异上,功能和性能的差异可通过功能、性能对汽车的价格影响进行估算。

$$量化调整值 = 结构性能差异值 \times 成新率$$

例如,同类型的汽油车,电喷发动机相对于化油器发动机要贵 3000～5000 元,自动挡比手动挡要贵 1 万～2 万元。对营运性汽车而言主要表现为生产能力、生产效率和运营成本等方面的差异,可利用收益现值法对其进行量化调整。

3) 新旧程度差异的量化

被评估汽车与参照车辆在新旧程度上不一定会完全一致,参照车辆也未必是全新汽车。这就要求评估人员对被评估汽车与参照车辆的新旧程度做出基本判断,取得被评估汽车和参照车辆成新率后,以参照车辆的价格乘以被评估汽车与参照车辆成新率之差即可得到两个汽车新旧程度的差异量。

4)销售数量差异的量化

当被评估汽车是成批量时,以单个汽车作为参照车辆是不恰当的。而当被评估汽车是单件时,以成批汽车作为参照车辆也是不合适的。销售数量的不同会造成成交价格的差异。必须对此差异进行分析,适当调整被评估汽车的价值。

5)付款方式差异的量化

在旧机动车交易中,绝大多数为现款交易。在我国一些经济较活跃的地区已出现了旧机动车的银行按揭销售。银行按揭的旧机动车与一次性付款的旧机动车的价格差异由两部分组成,一是银行的贷款利息,贷款利息按贷款年限确定;二是汽车按揭保险费,各保险公司的汽车按揭保险费率不完全相同,会有一些差异。

找出主要差异后,对其作用程度要加以确定且予以量化,并做出相应的调整。

汇总各因素差异量化值,求出车辆的评估值,对上述各差异因素量化值进行汇总,给出车辆的评估值。

三、现行市价法的计算方法

运用现行市价法确定单台车辆价值通常采用直接法和类比法。

1. 直接法

直接法是指在市场上能找到与被评估车辆完全相同的车辆的现行市价,并依其价格直接作为被评估车辆评估价格的一种方法。

所谓完全相同是指车辆型号、使用条件和技术状况相同,生产和交易时间相近。由于现在国内旧机动车交易仍在发展阶段,寻找这样的参照车辆一般来讲是比较困难的。通常如果参照车辆与被评估车辆类别相同、主参数相同、结构性能相同,只是生产序号不同并只做局部改动,交易时间相近的车辆,可作为评估过程中的参照车辆。

其评估值是按参照车辆的市场价格直接来确定被评估车辆的价值。评估公式为:

$$P = P' \tag{5-1}$$

式中:P——评估值;

P'——参照车辆的市场价格。

案例一 某夏利 TJ7100 型出租车,初次登记日为 1998 年 5 月,至 2002 年 5 月,行驶 45 万 km,该市出租车使用年限为 8 年,运用现行市价法中的直接法计算评估该出租车的价格。

解:1)考察鉴定被评估的车辆

(1)被评估车辆为夏利 TJ7100 出租车,初次登记日 1998 年,行驶 45 万 km。

(2)该市出租车使用年限为 8 年。

2)了解当地的旧机动车市场情况

(1)了解当地的旧机动车市场情况,是否有与该被评估车辆同类型、入户时间相近、使用状况相近的车辆在旧机动车交易市场。

(2)选择可比性强的参照物。选择三辆 1998 年初次登记上牌的夏利 TJ7100 车,使用性质均为出租车,使用年限均为4年,配置完全一样,三辆车的市场价分别为15000元、15500元、16000元,评估基准日与参照物成交日期相近。

3)计算

所参照的三辆车的市场价分别为15000元、15500元、16000元,故所评估的车辆价格取所参照车价格的平均值,即

$$P = (15000 + 15500 + 16000) \div 3 = 15500(元)$$

案例二 某家用2011年国产雪佛兰爱唯欧,1.6升ECOTEC直列四缸发动机、5速手动变速器,厂家指导价9.98万元,该车仅仅使用2个月不到,首保还未做,车况等于新车,运用现行市价法中的直接法计算评估该车的价格。

解:1)考察鉴定被评估的车辆

(1)被评估车辆为2011年国产雪佛兰爱唯欧家用车,1.6升ECOTEC直列四缸发动机、5速手动变速器;

(2)车外观良好,油漆无损伤修补;车门开合良好,车架连接处正常,焊点清晰,密封状况良好;

(3)动态检查良好,启动发动机运转正常,很快进入稳定怠速状态。行驶过程中动力表现突出,起步、加速、高速状况下动力都能随叫随到,操控性不错,制动非常好。

2)了解当地的旧机动车市场情况

(1)了解当地的旧机动车市场情况,是否有与该被评估车辆同类型、入户时间相近、使用状况相近的车辆在旧机动车市场交易;

(2)选择可比性强的参照物。厂家指导价9.98万元,该车仅仅使用2个月不到,首保还未做,车况等于新车。

3)估价

两厢的爱唯欧能够吸引住不少的年轻消费者。而且新车上市的时间短,在旧机动车市场的保有量少,保值率偏高。评估价格人民币9万元。

2. 类比法

类比法是指评估车辆时,在公开市场上找不到与之完全相同但能找到与之相类似的车辆时,以此为参照车辆,并根据车辆技术状况和交易条件的差异对价格做出相应调整,进而确定被评估车辆价格的评估方法。

1)计算模型

类比法的基本计算公式为:

$$P = P' + P_1 - P_2 \quad 或 \quad P = P' \times K \tag{5-2}$$

式中:P——评估值;

P'——参照车辆的市场价格;

P_1——评估对象比参照车辆优异的价格差额;

P_2——参照车辆双评估对象优异的价格差额;

K——差异调整系数。

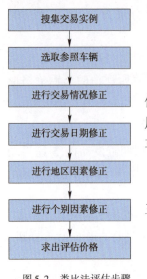

图 5-2 类比法评估步骤

2）评估步骤

运用类比法评估旧机动车价值，应按下列步骤进行，见图 5-2。

(1) 搜集交易实例。

运用类似比较法评估，应准确搜集大量交易实例，掌握正常市场价格行情。搜集交易实例应包括下列内容：车辆型号、制造厂家、使用性质、使用年限、行驶里程、实际技术状况、经济环境和市场环境、车辆所处的地理位置、成交数量、成交价格、成交日期、付款方式等。

(2) 选取参照车辆。

根据被评估车辆状况和评估目的，应从搜集的交易实例中选取三个以上的参照车辆。选取的参照车辆应符合下列要求：

①是被评估车辆的同型号或类似车辆；

②成交日期与评估时点相近，不宜超过三个月；

③成交价格为正常价格或可修正为正常价格。

(3) 进行交易情况修正。

进行交易情况修正，应排除交易行为中的特殊因素所造成的参照车辆成交价格偏差，将参照车辆的成交价格调整为正常价格。

(4) 进行交易日期修正。

交易日期修正宜采用类似车型的价格变动率或指数进行调整。在无类似车型的价格变动率或指数的情况下，可根据当地旧机动车价格的变动情况和趋势做出判断，给予调整。

(5) 进行地区因素修正。

进行地区区域市场因素修正，应将参照车辆在其他区域的市场价格调整为被评估车辆所在地区的区域价格。

(6) 进行个别因素修正。

进行个别因素修正时，应将参照车辆与被评估车辆的个别因素逐项进行比较，找出由于个别因素优劣所造成的价格差异，进行调整。

(7) 求出评估价格。

交易情况、交易日期、地区因素和个别因素的修正，视具体情况可采用百分率法、差异法或回归分析法。每项修正对参照车辆成交价格的调整不得超过 10%，综合调整不得超过 20%。选取的多个参照车辆的价格经过上述各种修正之后，应根据具体情况计算出一个综合结果，作为评估值。市价法的原理和技术，也可用于其他评估方法中有关参数的求取。

用市价法评估应该说已包含了该车辆的各种贬值因素，包括有形损耗的贬值，功能性贬值和经济性贬值，这是因为市场价格是综合反映了车辆的各种因素而体现的。车辆的有形损耗及功能陈旧而造成的贬值，自然会在市场价格中体现出来。经济性贬值则是反映了社会上各类产品综合的经济性贬值的大小，突出表现为供求关系的变化对市场价格的影响。因而用市价法评估不再专门计算功能性贬值和经济性贬值。由于经济性贬值和功能性贬值客观上存在，但在实践计算的过程中常常无法计算。因此，推荐采用市场比较法，在国外的评估机构也通常优先采用市场比较法。在我国中等以上城市，特别是经济较为发达的地区和城市,一般情况下,每年成交的各种旧机动车少则几千辆,多则几万辆甚至十几万辆。为市场比较法的应用奠定了良好的市场条件,通常总能够找到成交案例作为市场参照车辆。虽然,我国的汽车生产厂家较多,各种品牌林立,规格品种众多。但由于近几年来市场交易活跃,特别是各个城市有较多的经纪公司、置换公司并逐渐形成了主营各自的品牌,大部分车型都有交易案例。因此,评估机构和评估人员应不断收集各种品牌、车型的成交案例,作为各种评估对象市场参照车辆的资料存档,它是评估人员对市场价格行情的积累。

案例三 现在要评估一辆轿车,旧机动车市场上获得市场参照物的品牌型号、购置日期、行驶里程、整车技术状况基本相同,区别在于:被评估车辆改装了一套音响系统,目前价值约为5000元;参照物的右后组合灯损坏需要更换,费用为230元。已知参照物的市场交易价为235000元,该如何计算被评估车辆的价格?

解: 1)分析比较被评估的车辆和参照车辆

(1)已知参照物的市场交易价为235000元。

(2)参照物的右后组合灯损坏需要更换,费用为230元。

(3)被评估车辆改装了一套音响系统,目前价值约为5000元。

2)计算价格

$$P = P' + P_1 + P_2 = 235000 + 5000 + 230 = 240230(元)$$

式中:P——评估值;

P'——参照车辆的市场价格;

P_1——评估对象比参照车辆优异的价格差额;

P_2——参照车辆双评估对象优异的价格差额。

案例四 试采用现行市价法对某捷达轿车进行价值评估,该车与两个参照车辆的具体经济参数见表5-1。

被评估车辆与参照车辆的有关经济技术参数　　　　表5-1

序 号	技术经济参数	参照车辆Ⅰ	参照车辆Ⅱ	被评估汽车
1	车辆型号	捷达 FV7160CL	捷达 FV7160GIX	捷达 FV7160GIX
2	销售条件	公开市场	公开市场	公开市场
3	交易时间	2003年12月	2004年6月	2004年6月
4	使用年限	15年	15年	15年
5	初次登记年月	1998年6月	1998年6月	1998年12月
6	已使用时间	5年6个月	6年	5年6个月
7	成新率	53%	48%	50%
8	交易数量	1	1	1
9	付款方式	现款	现款	现款
10	地点	北京	北京	北京
11	物价指数	1	1.03	1.03
12	价格	5.0万元	5.5万元	求评估值

解: 1)以参照车辆Ⅰ为参照车辆做各项差异量化和调整

(1)结构性能差异量化与调整。

参照车辆Ⅰ车身为老式车身,被评估物为新式改脸车身,评估基准时点该项结构价格差异为0.8万元;参照车辆Ⅰ发动机为化油器式两气门发动机,被评估物发动机为电喷式五气门发动机。评估基准时点该项结构价格差异为 0.6 万元。该项调整数为：

$$(0.8+0.6)\times 60\% = 0.84(万元)$$

（2）销售时间差异量化与调整。

参照车辆Ⅰ成交时物价指数为 1，被评估物评估时物价指数为 1.03，该项调整系数为：

$$\frac{1.03}{1}=1.03$$

（3）新旧程度差异量化与调整。

该项调整数为：$5.0\times(50\%-53\%)=-0.15(万元)$

销售数量和付款方式无差异。

评估值 $=(5.0+0.84-0.15)\times 1.03=5.86(万元)$

2）以参照车辆Ⅱ为参照车辆做各项差异量化和调整

（1）结构性能差异量化与调整。

参照车辆Ⅱ发动机为电喷两阀发动机，被评估物为电喷五阀发动机。评估基准时点该项结构价格差异为 0.3 万元。

该项调整数为：$0.3\times 60\% = 0.18(万元)$

（2）新旧程度差异量化与调整。

该项调整数为：$5.5\times(50\%-48\%)=0.11(万元)$

销售时间、数量和付款方式无差异。

评估值 $=5.5+0.18+0.11=5.79(万元)$

3）确定评估值

由于两个参照车辆与被评估车辆的成新率、已使用年限、可使用年限等参数均相接近，故可采用平均法确定评估值，即

$$车辆评估值 = \frac{5.86+5.79}{2}\approx 5.83(万元)$$

案例五 在对某辆汽车进行评估时，评估人员选择了三个近期成交的与被评估车辆类别、结构基本相同，经济技术参数相近的车辆作参照车辆。参照车辆与被评估车辆的一些具体经济技术参数见表 5-2，试采用现行市价法对该车进行价值评估。

车辆及参照车辆的有关经济技术参数　　　　表 5-2

序号	经济技术参数	参照车辆A	参照车辆B	参照车辆C	被评估车辆
1	车辆交易价格	50000	65000	40000	
2	销售条件	公开市场	公开市场	公开市场	公开市场
3	交易时间	6个月前	2个月前	10个月前	
4	已使用年限（年）	5	5	6	5
5	尚可使用年限（年）	5	5	4	5
6	成新率	62	75	55	70
7	年平均维修费用	20000	18000	25000	20000
8	每百公里耗油量（升）	25	22	28	24

解：1）对被评估车辆与参照车辆之间的差异进行比较、量化

（1）销售时间的差异。

根据搜集到的资料表明，在评估之前到评估基准日之间的一年内，物价指数大约每月上升0.5%左右。各参照车辆与被评估车辆由于时间差异所产生的差额为：

① 被评估车辆与参照车辆 A 相比较晚 6 个月，价格指数上升 3%，其差额为
$$50000 \times 3\% = 1500(元)$$

② 被评估车辆与参照车辆 B 相比较晚 2 个月，价格指数上升 1%，其差额为
$$65000 \times 1\% = 650(元)$$

③ 被评估车辆与参照车辆 C 相比较晚 10 个月，价格指数上升 5%，其差额为
$$40000 \times 5\% = 2000(元)$$

（2）车辆性能的差异。

① 按每日营运 150km、每年平均出车 250 天，计算各参照车辆与被评估车辆，每年由于燃料消耗的差异所产生的差额。燃料价格按每升 2.2 元计算。

a. A 车每年比被评估车辆多消耗燃料的费用为：
$$(25 - 24) \times 2.2 \times \frac{150}{100} \times 250 = 825(元)$$

b. B 车每年比被评估车辆少消耗燃料的费用为：
$$(24 - 22) \times 2.2 \times \frac{150}{100} \times 250 = 1650(元)$$

c. C 车每年比被评估车辆多消耗燃料的费用为：
$$(28 - 24) \times 2.2 \times \frac{150}{100} \times 250 = 3300(元)$$

② 各参照车辆与被评估车辆每年由于维修费用的差异所产生的差额为：

a. A 车与被评估车辆每年维修费用的差额为：
$$20000 - 20000 = 0(元)$$

b. B 车比被评估车辆每年少花费的维修费用为：
$$20000 - 18000 = 2000(元)$$

c. C 车比被评估车辆每年多花费的维修费用为：
$$25000 - 20000 = 5000(元)$$

③ 由于营运成本不同，各参照车辆每年与被评估车辆的差异为：

a. A 车比被评估车辆每年多花费的营运成本为：
$$825 + 0 = 825(元)$$

b. B 车比被评估车辆每年少花费的营运成本为：
$$1650 + 2000 = 3650(元)$$

c. C 车比被评估车辆每年多花费的营运成本为：
$$3300 + 5000 = 8300(元)$$

④ 取所得税率为 33%，则税后各参照车辆每年比被评估车辆多（或少）花费的营运成本为：

a. 税后 A 车比被评估车辆每年多花费的营运成本为：
$$825.2 \times (1 - 33\%) = 552.75(元)$$
b. 税后 B 车比被评估车辆每年少花费的营运成本为：
$$3650 \times (1 - 33\%) = 2445.5(元)$$
c. 税后 C 车比被评估车辆每年多花费的营运成本为：
$$8300 \times (1 - 33\%) = 5561(元)$$

⑤适用的折现率为10%，则在剩余的使用年限内，各参照车辆比被评估车辆多(或少)花费的营运成本为：

a. A 车比被评估车辆多花费的营运成本折现累加为：
$$552.75 \times \frac{(1+10\%)^5 - 1}{10\% \times (1+10\%)^5} = 552.75 \times 3.7908 = 2095(元)$$
b. B 车比被评估车辆少花费的营运成本折现累加为：
$$2445.5 \times \frac{(1+10\%)^5 - 1}{10\% \times (1+10\%)^5} = 2445.5 \times 3.7908 = 9270(元)$$
c. C 车比被评估车辆多花费的营运成本折现累加为：
$$5561 \times \frac{(1+10\%)^4 - 1}{10\% \times (1+10\%)^4} = 5561 \times 3.1699 = 17628(元)$$

(3) 成新率的差异。

①A 车与被评估车辆由于成新率的差异所产生的差额为：
$$50000 \times (70\% - 60\%) = 5000(元)$$
②B 车与被评估车辆由于成新率的差异所产生的差额为：
$$65000 \times (70\% - 75\%) = -3250(元)$$
③C 车与被评估车辆由于成新率的差异所产生的差额为：
$$40000 \times (70\% - 55\%) = 6000(元)$$

2) 根据被评估车辆与参照车辆之间差异的量化结果，确定车辆的评估值

(1) 初步确定车辆的评估值。

①与参照车辆 A 相比分析调整差额，初步评估的结果为：
$$车辆评估值 = 50000 + 1500 + 2095 + 5000 = 58595(元)$$
②与参照车辆 B 相比分析调整差额，初步评估的结果为：
$$车辆评估值 = 65000 + 650 - 9270 - 3250 = 53130(元)$$
③与参照车辆 C 相比分析调整差额，初步评估的结果为：
$$车辆评估值 = 40000 + 2000 + 17628 + 6000 = 65628(元)$$

(2) 综合定性分析，确定车辆的评估值。

从上述初步估算的结果可知，按三个不同的参照车辆进行比较测算，初步评估的结果最多相差12498元(65628元－53130元＝12498元)。其主要原因是三个参照车辆的成新率不同(参照车辆 A 为60%、参照车辆 B 为75%、参照车辆 C 为55%)。另外，在选取有关的经济技术参数时也可能存在误差。为减少误差，结合考虑被评估车辆与参照车辆的相似程度，决定采用加权平均法确定评估值。参照车辆 B 的交易时间离评估基准日较接近(仅隔2个

月),且已使用年限、尚可使用年限、成新率等都与被评估车辆最相近。由于它的相似程度比参照车辆 A、C 更大,故决定取参照车辆 B 的加权系数为 60%。参照车辆 A 的交易时间、已使用年限、尚可使用年限、成新率等比参照车辆 C 的相似程度更大,故决定取参照车辆 A 的加权系数为 30%。取参照车辆 C 的加权系数为 10%。

加权平均后,车辆的评估值为:

车辆评估值 = 53130 元 × 60% + 58595 × 30% + 65628 元 × 10% ≈ 56019 元

操作指引

1. 组织方式

(1) 场地设施:理论教室。

(2) 设备设施:必要桌椅。

(3) 工量具:计算器。

2. 操作要求

(1) 穿着干净整齐的工作服。

(2) 遵守场地教室管理。

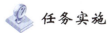
任务实施

1. 用直接法评估旧机动车

练习一 某大众 POLO 1.4 两厢手动舒适型私家车,初次登记日为 2013 年 4 月,至 2016 年 5 月,行驶 5 万 km,运用现行市价法中的直接法计算评估该车的价格。

练习二 某家用 2015 款一汽马自达 6,2.0L 经典型,5 挡手自一体,厂家指导价 13.98 万元,该车仅仅使用 2 个月不到,首保还未做,车况等于新车,运用现行市价法中的直接法计算评估该车的价格。

2. 用类比法评估旧机动车

练习三 现在要评估一辆轿车,旧机动车市场上获得市场参照物的品牌型号、购置日期、行驶里程、整车技术状况基本相同,区别在于:被评估车辆改装了一套音响系统,目前价值约为 5000 元;参照物的右后组合灯损坏需要更换,费用为 230 元。已知参照物的市场交易价为 235000 元,该如何计算被评估车辆的价格?

任务小结

(1) 现在国内旧机动车交易还在发展阶段,很难找到完全相似的成交案例,所以在使用直接法计算旧机动车价格时,条件可适当放宽。

(2) 一般情况下,取参照物时,车辆的类别、主参数、结构性能相同,只是生产序号不同,并作局部改动的车辆,均可认为它们是完全相同的。

(3) 旧机动车购买后很多零件需要更换,维修的次数也相对增多,所以配件的供应情况和价格也要了解清楚,还有旧机动车在购买后需要对一些易磨损部件进行更换,更换过程中有一笔不小的费用支出,在评估车辆时这些费用也要考虑进去。

(4)旧机动车价格除受车况影响外,市场行情对其影响也很大,评估旧机动车要紧密结合市场行情,了解市场的供需情况。

子任务2 重置成本法

任务描述

一辆私人用迈腾2.0自动豪华型,2016年7月份购买,购买价格为208800元,初次登记日期2016年8月,于2017年12月进入二手车交易市场估价交易。请用重置成本的原则对该车进行价值估算。

旧车　　　　　　新车　　　　损耗

学习目标

(1)理解重置成本法的基本原理,了解重置成本法的特点;
(2)掌握重置成本法的计算方法。
建议学时:3学时。

知识准备

一、重置成本法的基本原理

重置成本法是从旧机动车购买者的角度出发,认为旧机动车的现时市场价格不应高于购买市场上同型号车型付出的最低成本。即重置成本法是指,以评估基准日的当前条件下重新购置一辆全新状态的被评估车辆所需的全部成本(完全重置成本,简称重置全价),减去该被评估车辆的各种陈旧性贬值后的差额作为被评估车辆评估价格的一种评估方法。

重置成本法的基本计算公式如下:

$$P = B - (D_P + D_f + D_e) \qquad (5\text{-}3)$$

或
$$P = B \times C$$

式中：P——被评估车辆的评估值；
    B——重置成本；
    D_p——实体性贬值；
    D_f——功能性贬值；
    D_e——经济性贬值；
    C——成新率。

按重新购置车辆所用的材料、技术的不同，可把重置成本区分为复原重置成本(简称复原成本)和更新重置成本(简称更新成本)。

复原成本是指用与被评估车辆相同的材料、制造标准、设计结构和技术条件等，以现时价格复原购置相同的全新车辆所需的全部成本。更新成本指利用新型材料、新技术标准、新设计等，以现时价格购置相同或相似功能的全新车辆所支付的全部成本。一般情况下，在进行重置成本计算时，如果同时可以取得复原成本和更新成本，应选用更新成本；如果不存在更新成本，则再考虑用复原成本。

实体性贬值也叫有形损耗，是指旧机动车在存放和使用过程中，因机件磨损和损耗等原因而导致的车辆实体发生的价值损耗，亦即是指由于自然力的作用而发生的损耗。投入交易的旧机动车一般都不是全新状态的，因此都存在实体性贬值。

功能性贬值是指由于科学技术和生产力的发展导致的车辆贬值，即无形损耗。这类贬值可能是由于技术进步引起劳动生产率的提高，生产成本降低而造成重新购置一辆全新状态的被评估车辆所需的成本降低而引起的车辆价值的贬值。对于营运车辆，也可能由于技术进步，出现了新的、性能更优的车辆，致使原有车辆的功能、生产率、收益能力相对新车型已经落后而引起其价值贬值。具体表现为原有车辆在完成相同工作任务的前提下，在燃料、人力、配件材料等方面的消耗增加，形成了一部分超额运营成本。

经济性贬值是指由于宏观经济政策、市场需求、通货膨胀、环境保护等外部环境因素的变化所造成的车辆贬值。这些外界因素对车辆价值的影响不仅是客观存在的，而且对车辆价值影响还相当大，在旧机动车的评估中不可忽视。

通过对重置成本法计算公式的分析可发现，要合理运用重置成本法评估旧机动车的交易价格，必须正确确定车辆的重置成本、实体性贬值、功能性贬值、经济性贬值和成新率。

二、重置成本法的特点

重置成本法是旧机动车鉴定评估中一种常用方法，它适用于继续使用前提下的旧机动车鉴定评估。对在用车辆，可直接运用重置成本法进行评估，无须做较大的调整。在目前，我国旧机动车交易市场尚需进一步规范和完善，运用现行市价法和收益现值法的客观条件受到一定的制约，而清算价格法仅在特定的条件下才能使用。因此，重置成本法在旧机动车鉴定评估中得到了广泛的应用。

重置成本法多用于市场上不常见车型，还有一些上市新车没有参考，可以用重置成本法。

三、重置成本法的计算模型

模型一：评估值 = 重置成本 – 实体性贬值 – 功能性贬值 – 经济性贬值

模型二：评估值 = 重置成本 × 成新率 × 综合调整系数

从理论上讲，模型一优于模型二，这是因为模型一中不仅扣除了车辆的有形损耗，而且扣除了车辆的功能性损耗和经济性损耗，但其实际的可操作性较差，使用困难。

模型二中成新率的确定是综合了旧机动车的各项贬值的结果，具有收集便捷，操作较简单易行，评估理论更贴近机动车实际工作状况，容易被委托人接受等优点，故模型二被广泛采用。

1. 重置成本的计算

若已知新车价，一般只需考虑车辆的购置附加费，则重置成本的计算公式为：

$$B = S + \frac{S}{1.17} \times 100\% \tag{5-4}$$

式中：B——重置成本；

S——新车价。

2. 成新率的计算

成新率的计算公式常用以下三种方式。

1）等速折旧法

等速折旧法又称直线折旧法或平均折旧法。等速折旧法（直线折旧法）是指用车辆的原值除以车辆使用年限，以求得每年平均折旧额的方法。

采用等速折旧法估算旧机动车成新率的计算公式为：

$$C_d = \left(1 - \frac{Y}{G}\right) \times 100\% \tag{5-5}$$

式中：C_d——使用年限成新率；

G——规定使用年限；

Y——已使用年限。

2）年份数求和法

年份数求和法是指每年的折旧额可用车辆原值减去残值的差额乘一个逐年变化的递减系数来确定的一种方法。

年份数求和法估算旧机动车成新率的计算公式为：

$$C_f = \left[1 - \frac{2}{G(G+1)} \sum_{n=1}^{Y} (G+1-n)\right] \times 100\%$$

式中：C_f——年份求和法成新率。

3）双倍余额递减法

余额递减折旧法是指任何年的折旧额用现有车辆原值乘以在车辆整个寿命期内恒定的折旧率，接着用车辆原值减去该年折旧额作新的原值，下一年重复这一做法，直到折旧总额分摊完毕。在余额递减中所使用的折旧率,通常大于直线折旧率,当使用的折旧率为直线折旧率的二倍时,称为双倍余额递减法。

双倍余额递减法计算旧机动车成新率的计算公式如下:

$$C_s = \left[1 - \frac{2}{G}\sum_{n=1}^{Y}\left(1 - \frac{2}{G}\right)^{n-1}\right] \times 100\% \tag{5-6}$$

式中:C_s——双倍余额递减法。

3. 综合调整系数计算

综合调整系数采用下述两种方法确定:

(1)车辆无须进行项目修理或换件的,可采用表5-3所示推荐的综合调整系数,用加权平均的方法进行微调。

(2)车辆需要进行项目修理或换件的,或需进行大修的,综合考虑表5-3列出的影响因素,可采用"一揽子"评估方法确定一个综合调整系数。

旧机动车成新率综合调整系数　　　　　　　表5-3

影响因素	因素分组	调整系数	权重(%)
技术状况	好	0.1	30
	较好	0.9	
	一般	0.8	
	较差	0.7	
	差	0.6	
维护	好	1.0	25
	一般	0.9	
	较差	0.8	
制造质量	进口车	1.0	20
	国产名牌车	0.9	
	走私罚没车、国产非名牌车	0.7	
工作性质	私用	1.0	15
	公务、商务	0.9	
	营运	0.7	
工作条件	较好	1.0	10
	一般	0.9	
	较差	0.7	

影响旧机动车成新率的主要因素有车辆技术状况、车辆使用和维护状态、车辆原始制造质量、车辆工作性质、车辆工作条件等5个方面。因此综合调整系数 K 由5个调整系数构成,即

$$K = K_1 \times 30\% + K_2 \times 25\% + K_3 \times 20\% + K_4 \times 15\% + K_5 \times 10\% \tag{5-7}$$

式中：K_1——车辆技术状况调整系数；

K_2——车辆使用和维修状态调整系数；

K_3——车辆原始制造质量调整系数；

K_4——车辆工作性质调整系数；

K_5——车辆工作条件调整系数。

将上述各式代入模型二，可得三种计算方式：

①重置成本—等速折旧—综合调整法的评估值

$$P = \left(S + \frac{S}{1.17} \times 100\%\right) \times \left(1 - \frac{Y}{G}\right) \times 100\% \times K \tag{5-8}$$

②重置成本—年份数求和—综合调整法的评估值

$$P = \left(S + \frac{S}{1.17} \times 100\%\right) \times \left[1 - \frac{2}{G(G+1)}\sum_{n=1}^{Y}(G+1-n)\right] \times 100\% \times K \tag{5-9}$$

③重置成本—双倍余额递减—综合调整法的评估值

$$P = \left(S + \frac{S}{1.17} \times 100\%\right)\left[1 - \frac{2}{G}\sum_{n=1}^{Y}\left(1 - \frac{2}{G}\right)^{n-1}\right] \times 100\% \times K \tag{5-10}$$

式中：P——评估值；

S——购车纯价；

Y——车辆已使用年限；

G——车辆规定使用年限；

K——综合调整系数。

4. 操作要点

(1)收集被评估车辆的资料，了解车辆的状况，计算重置成本。

(2)根据车辆情况，确定成新率的计算方法，计算车辆的成新率。

(3)计算综合调整系数，即根据车辆的状况，确定相关的调整系数，并计算出车辆的综合调整系数。

(4)根据求出的重置成本、成新率、综合调整系数，计算车辆的评估值。

案例六 如某公司2010年6月购得进口奥迪A6型(排量2.4L)轿车一辆作为公务使用，2014年6月在北京交易，2014年6月北京市场上该型号车纯车价是40万元，该车技术等级评定为二级车，无重大事故痕迹，该车外表有少数划痕无须进行修理。维护保养好，路试车况好。行驶里程15万km。该如何给该车计算评估值？

解：1)计算重置成本

分析车辆状况。

被评估车辆为进口奥迪A6型(排量2.4L)轿车，交易时市场上该型号车纯车价是40万元。该车技术等级评定为二级车，无重大事故痕迹，该车外表有少数划痕无须进行修理。维护保养好，路试车况好。

计算重置成本。

$$B = 40 + \frac{40}{1.17} \times 10\% = 43.42(万元)$$

2)计算成新率

(1)规定使用年限 $Y = 15$ 年,已使用年限 $G = 4$ 年,采用年份数求和法计算成新率。

(2)计算成新率

$$\begin{aligned}
C_f &= \left[1 - \frac{2}{G(G+1)}\sum_{n=1}^{Y}(G+1-n)\right] \times 100\% \\
&= \left[1 - \frac{2}{15 \times (15+1)}\sum_{n=1}^{4}(15+1-n)\right] \times 100\% \\
&= \left[1 - \frac{2 \times (15+1-1)}{15 \times (15+1)} - \frac{2 \times (15+1-2)}{15 \times (15+1)} - \frac{2 \times (15+1-3)}{15 \times (15+1)} - \frac{2 \times (15+1-4)}{15 \times (15+1)}\right] \times 100\% \\
&= 55\%
\end{aligned}$$

3)计算综合调整系数

该车为二级车,车况好,车辆技术状况系数:$K_1 = 1.0$

维护保养好,取使用与维护状态系数:$K_2 = 1.0$

此奥迪车为进口车,车辆原始制造质量系数:$K_3 = 1.0$

该车为公务用车,工作性质系数为:$K_4 = 0.9$

该车主要在市内行驶,工作条件好,取工作性质系数:$K_5 = 1.0$

则综合调整系数为:

$$\begin{aligned}
K &= K_1 \times 30\% + K_2 \times 25\% + K_3 \times 20\% + K_4 \times 15\% + K_5 \times 10\% \\
&= 1.0 \times 30\% + 1.0 \times 25\% + 1.0 \times 20\% + 0.9 \times 15\% + 1.0 \times 10\% \\
&= 0.985
\end{aligned}$$

4)计算评估值

$$\begin{aligned}
P &= B \times C \times K \\
&= 43.42 \times 55\% \times 0.985 \\
&= 23.52(万元)
\end{aligned}$$

案例七 某公司一辆桑塔纳出租车,1994年2月26日来某省旧机动车交易中心交易。该车的工作性质属城市出租营运车辆,常年工作在市区或市郊,工作繁忙,工作条件较好。从车辆使用年数和累计行驶公里数来看,年平均行驶近10万km,使用强度偏大;加上车辆日常维护、保养较差;再则,发现发动机排气管冒蓝烟,车身前左侧撞击受损,故应该着重检查车辆动力性能和检测前轮定位是否正确。经外观检查,油漆有局部脱落现象;车厢内饰有两处烟头烧伤痕迹。经路试作紧急制动检查,方向稍向左跑偏,但属正常情况之列。用力踩油门,车辆提速困难,发动机排气管冒蓝烟。经发动机功率检测,发现发动机功率比原设计功率下降20%,判定活塞、活塞环、缸套磨损严重,导致燃烧室窜机油。车辆前左侧受撞击,经前轮定位仪检测,前轮定位正常,不影响转向。其他情况均与使用1年7个月的新旧程度基本相符。从总体感觉看来,车辆技术状况较差。试对车辆进行鉴定评估。

解:根据上述技术鉴定认为:购买者购买该车辆,需要进行一些项目维修和换件(如换活塞、活塞环、缸套组件、表面做漆等)后,才能投入正常使用。鉴于这种情况,首先采用使用年

限法估算车辆正常情况下的成新率,再综合考虑影响成新率的各项因素,采用"一揽子"评估方法确定综合调整系数,具体计算如下:

(1)估算成新率。根据国家规定出租车使用年限为8年,折合96个月,从初次登记之日至评估基准日已使用时间为1年7个月,折合19个月。根据车辆实际技术状况,综合调整系数确定为0.8,故成新率计算为:

$$\left(1-\frac{19}{96}\right) \times 100\% \times 0.8 = 64\%$$

(2)经市场询价,评估基准日同型号新的桑塔纳轿车市场成交价为100400元。

(3)计算评估值为:$100400 \times 64\% = 64256$(元)

(4)若车辆无须进行项目维修和换件,采用加权平均的方法确定综合调整系数以微调成新率。经过对车辆的技术鉴定和全面了解,各影响因素调整系数取值为:

a. 技术状况差取0.6;

b. 维护情况较差取0.7;

c. 制造质量属国产名牌取0.9;

d. 工作性质属营运车辆取0.7;

e. 工作条件较好取1。

采用加权平均法估算综合调整系数为

$0.6 \times 30\% + 0.7 \times 25\% + 0.9 \times 20\% + 0.7 \times 15\% + 1 \times 10\% = 0.74$

以此综合调整系数计算评估值为

$$100400 \times \left(1-\frac{19}{96}\right) \times 100\% \times 0.74 = 59552(元)$$

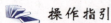

操作指引

1. 组织方式

(1)场地设施:理论教室。

(2)设备设施:必要桌椅。

(3)工量具:计算器。

2. 操作要求

(1)穿着干净整齐的工作服。

(2)遵守场地教室管理。

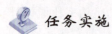

任务实施

练习一 由于经济危机,某行业企业生产普遍不景气,工作量不足,某专用汽车的利用仅为正常工作量的70%,而且该车的剩余使用年限内,这种情况不会改变。经评估,该车的重置成本28万元,成新率60%,功能性损耗可忽略。试估算该车的经济性损耗。

练习二 一辆私人用PASSAT新领驭05款1.8T手动豪华型,2006年7月份购买,购买价格为 228800 元,初次登记日期 2006 年 8 月,使用 3 年 7 个月,于 2010 年 3 月进入二手车交易市场估价交易。经二手车鉴定评估人员核对,该车相关证件齐全,车身外观较好,无漆面脱落现象,经点火试驾,发动机运转平稳,无异常响声,挡位清晰,制动系统良好,经评定该车技术状况较好。另外,该车维修保养正常,主要在城市较好道路行驶。该车里程表显示累计行驶里程 8 万公里,与实际情况比较吻合。评估基准日为 2010 年 3 月,该型号车已停产,该车升级版 09 款 1.8T 手动尊品型的现行市场销售价格为 201800 元,只计车辆购置税,试评估该车的现行市场价值。

任务小结

（1）要用重置成本法准确评估旧机动车的价值,应先了解旧机动车的车况,确定该车符合使用重置成本法评估的条件。

（2）分析车辆状况,计算车辆的重置成本、成新率和综合调整系数,最后计算车辆的评估值。

子任务 3　收益现值法

任务描述

某人拟购置一台较新的普通桑塔纳车用作个体出租车经营使用,经调查得到以下各数据和情况:车辆登记之日是 2005 年 4 月,已行驶公里数 1.3 万 km,目前车况良好,能正常运行。如用于出租使用,全年可出勤 300 天,每天平均毛收入 450 元。评估基准日是 2007 年 2 月。试用收益现值法估算该车的价值。

学习目标

(1) 了解收益现值法的定义和原理,能够正确判断什么情况下适用收益现值法对旧机动车进行评估。

(2) 了解收益现值法的适用范围和应用前提,能够正确判断什么情况下适用收益现值法对旧机动车进行评估。

(3) 掌握收益现值法评估旧机动车的程序。

(4) 掌握收益现值法各参数确定的要求。

(5) 利用公式,运用收益现值法评估旧机动车并计算出最终评估价格。

建议学时:3学时。

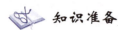 知识准备

一、收益现值法的定义

收益现值法是将被评估的车辆在剩余寿命期内预期收益,折现为评估基准日的现值,借此来确定车辆价值的一种评估方法。现值既为车辆的评估值,现值的确定依赖于未来预期收益。

二、收益现值法的原理

现实生活中,有人占有某车辆,主要是考虑这辆车能为自己带来一定的收益。如果某车辆的预期收益小,车辆的价格就不可能高;反之车辆的价格肯定就高。投资者投资购买车辆时,一般要进行可行性分析,其预计的内部回报率只有在超过评估时的折现率时才肯支付货币额来购买车辆。应该注意的是,运用收益现值法进行评估时,是以车辆投入使用后连续获利为基础的。在机动车的交易中,人们购买的目的往往不是在于车辆本身,而是车辆获利的能力。

三、应用范围和应用前提

收益现值法较适用于投资营运的车辆。应用前提:

(1) 评估的旧机动车必须是经营性车辆,且具有继续经营和获利的能力;

(2) 继续经营的预期收益可以预测而且能够用货币金额来表示;

(3) 旧机动车购买者获得预期收益,所承担的风险也可预测,并可用货币衡量;

(4) 被评估旧机动车预期获利年限可以预测。

四、收益现值法评估的程序

(1) 调查、了解营运车辆的经营行情,营运车辆的消费结构;

(2) 充分调查了解被评估车辆的情况和技术状况;

(3) 根据调查、了解的结果,预测车辆的预期收益,确定折现率;

(4)将预期收益折现处理,确定旧机动车评估值。

五、收益现值法中各评估参数的确定(图 5-3)

1. 剩余使用寿命期的确定

剩余使用寿命期指从评估基准日到车辆到达报废的年限。如果剩余使用寿命期估计过长,就会高估车辆价格;反之,则会低估价格。因此,必须根据车辆的实际状况对剩余寿命做出正确的评定。对于各类汽车来说,该参数按《汽车报废标准》确定是很方便的。

2. 预期收益额的确定

收益法运用中,收益额的确定是关键。收益额是指由被评估对象在使用过程中产生的超出其自身价值的溢余额。对于预期收益额的确定应把握两点:一是预期收益额指的是车辆使用带来的未来收益期望值,是通过预测分析获得的。无论对于所有者还是购买者,判断某车辆是否有价值,首先应判断该车辆是否会带来收益。对其收益的判断,不仅仅是看现在的收益能力,更重要的是预测未来的收益能力。二是计量收益额的指标,以企业为例,目前有几种观点:第一,企业所得税后利润;第二,企业所得税后利润与提取折旧额之和扣除投资额;第三,利润总额。为估算方便,推荐选择第一种观点,目的是准确反映预期收益额。

3. 折现率的确定

折现率是将未来预期收益折算成现值的比率。它是一种特定条件下的收益率,说明车辆取得该项收益的收益率水平。收益率越高,意味着单位资产的增值率越高,在收益一定的情况下,所有者拥有资产价值越低。在计量折现率时必须考虑风险因素的影响,否则,就可能过高地估计车辆的价值。一般来说,折现率应包括无风险收益率和风险报酬率两方面的风险因素。即折现率 = 无风险收益率 + 风险报酬率。

4. 折现率与利率的区别

折现率与利率不完全相同。利率是资金的报酬,折现率是管理的报酬。利率只表示资产(资金)本身的获利能力,而与使用条件、占用者和使用用途没有直接联系;折现率则与车辆以及所有者使用效果有关。折现率一般不好确定。其确定的原则应该起码不低于国家银行存款的利率。因此实际应用中,如果其他因素不好确定时,可取折现率等于利率。

图 5-3 各评估参数的确定

操作指引

1. 组织方式

(1)场地设施:理论教室。
(2)设备设施:必要桌椅。

(3)工量具:计算器。

2. 操作要求

(1)穿着干净整齐的工作服。

(2)遵守场地教室管理。

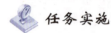
任务实施

1. 调查、了解营运车辆的经营行情,营运车辆的消费结构

分析从车辆登记之日起至评估基准日止,车辆投入运行已2年。根据国家有关规定和车辆状况,车辆剩余使用寿命为6年。

2. 充分调查、了解被评估车辆的情况和技术状况

根据行驶公里数和车辆外观和发动机等技术状况看来,该车辆原投入出租营运,还算正常使用、维护之列。

3. 根据调查、了解的结果,预测车辆的预期收益,确定折现率

预期收益额的确定思路是:将一年的毛收入减去车辆使用的各种税和费用,包括驾驶人员的劳务费等,以计算其税后纯利润。

根据目前银行储蓄年利率、国家债券、行业收益等情况,确定资金预期收益率为15%,风险报酬率为5%,具体计算步骤如下。

1)确定车辆的剩余使用年限6年

2)估测车辆的预期收益

(1)预计年收入:$450 \times 300 = 13.5$ 万元。

(2)预计年支出:

①每天耗油量75元,年耗油量为 $75 \times 300 = 2.25$ 万元。

②日常维修费1.2万元。

③平均大修费用0.8万元。

④牌照、保险、养路费及各种规费、杂费3.0万元。

⑤人员劳务费1.5万元。

⑥出租车标付费0.6万元。

⑦故,年毛收入为:$13.5 - 2.25 - 1.2 - 0.8 - 3.0 - 1.5 - 0.6 = 4.15$ 万元。

⑧按个人所得税条例规定年收入在3万~5万元之间,应缴纳所得税率为30%,故车辆的年纯收益额为:$4.15 \times (1 - 30\%) = 2.9$ 万元。

3)确定车辆的折现率

该车剩余使用寿命为6年,预计资金收益率为15%,再加上风险率5%,故折现率为20%。

4)计算车辆的评估值

假设每年的纯收入相同,则由收益现值法公式求得收益现值。

$$P_\varepsilon = \sum_{t=1}^n \frac{A_t}{(1+i)^t} = \frac{A_1}{(1+i)} + \frac{A_2}{(1+i)^2} + \cdots + \frac{A_n}{(1+i)^n} \tag{5-11}$$

式中:A_t——未来第 t 个收益期的预期收益额,收益期有限时(机动车的收益期是有限的),A_t 中还包括期末车辆的残值(在估算时,残值一般忽略不计);

n——收益年期(剩余经济寿命的年限);

i——折现率;

t——收益期,一般以年计。

当 $A_1 = A_2 = \cdots = A_n = A$ 时,即 t 从 $1 \sim n$ 未来收益分别相同为 A 时,则有

$$\begin{aligned} P_\varepsilon &= \frac{A_1}{(1+i)} + \frac{A_2}{(1+i)^2} + \cdots + \frac{A_n}{(1+i)^n} \\ &= A \cdot \left[\frac{1}{(1+i)} + \frac{1}{(1+i)^2} + \cdots + \frac{1}{(1+i)^n}\right] \\ &= A \cdot \frac{(1+i)^n - 1}{i \cdot (1+i)^n} \end{aligned} \tag{5-12}$$

式中:$\frac{1}{(1+i)^t}$——现值系数;

$\frac{(1+i)^n - 1}{i \cdot (1+i)^n}$——年金现值系数;

t——收益期,一般以年计。

$$P_6 = 2.9 \times \frac{(1+0.2)^6 - 1}{0.2 \times (1+0.2)^6} = 9.64(万元)$$

案例八 旅游公司欲出卖一辆旅游客车(19 座以上),该车是北京—天津线路长途旅游客车,公司欲将车与线路运营权一同对外转让,线路运营权年限与车辆的报废年限相同。已知该车于 2002 年 10 月注册登记并投入营运,投资回报率为 15%,预期每年收入均为 20 万元,年运营成本均为 6 万元,适用所得税率为 30%,试评估该车(含线路营运权)于 2006 年 10 月的价值[已知$(P/A,15\%,4) = 2.85498, (P/A,20\%,4) = 2.58873, (P/A,15\%,6) = 3.78488, (P/A,20\%,6) = 3.32551$]。

解:(1)根据已知条件,采用收益现值法评估该车及线路的价值;

(2)该车为旅游客车,规定使用年限为 10 年,已使用 4 年;

(3)该车为企业带来的年预期收益为:$A_0 = 20 - 6 = 14(万元)$;

(4)税后净收益为:$A = A_0 \times (1 - 30\%) = 14 \times 70\% = 9.8(万元)$;

(5)该车剩余使用年限为:$n = 10 - 4 = 6(年)$;

(6)该车评估值:$P = A \cdot (P/A,15\%,6) = 9.8 \times 3.78488 = 37.1(万元)$。

案例九 一辆正常使用的载货汽车,该车评估时已使用 6 年,经市场调查和预测,该车未来每年可带来预期收入 8 万元,而汽车投入营运成本每年为 3.4 万元,企业所得税为 33%,折现率为 12%,试评估该车的价值[已知$(P/A,12\%,4) = 3.037$]。

解:(1)根据已知条件,采用收益现值法评估该车价值;

(2)该车已使用6年,规定使用年限为10年;
(3)该车为企业带来的年预期收益为:$A_0 = 8 - 3.4 = 4.6$(万元);
(4)税后净收益为:$A = A_0 \times (1 - 33\%) = 4.6 \times (1 - 33\%) = 3.08$(万元);
(5)该车剩余使用年限为:$n = 10 - 6 = 4$(年);
(6)该车评估值:$P = A \cdot (P/A, 12\%, 4) = 3.08 \times 3.0373 = 9.35$(万元)。

任务小结

(1)收益现值法较适用于投资营运的车辆,但营运车辆收益受到影响的因素非常多,故很难准确估价。

(2)采用收益现值法的优点是:

①与投资决策相结合,容易被交易双方接受;

②能真实和较准确地反映车辆本金化的价格。

(3)采用收益现值法的缺点是:预期收益额预测难度大,受较强的主观判断和未来不可预见因素的影响大。

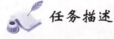

子任务4 处置清算法

任务描述

某公司因经营不善,导致破产。公司名下有一辆二手日产轩逸,目前同款旧机动车在市场上价格约为10万元。请试用处置清算法估算该车的价值。

学习目标

(1)了解处置清算法的定义和原理,能够正确判断什么情况下适用处置清算法对旧机动车进行评估。

(2)了解处置清算法的适用范围和应用前提,能够正确判断什么情况下适用处置清算法对旧机动车进行评估。

(3) 掌握处置清算法评估旧机动车的程序。
(4) 熟悉处置清算价格的决定因素。
(5) 掌握现行市价折扣法和意向询价法以及竞价法确定清算价格。
建议学时:3 学时。

 知识准备

一、处置清算法的定义

清算价格法是以清算价格为标准,对旧机动车进行的价格评估。所谓清算价格,是指企业由于破产或其他原因,要求在一定的期限内将车辆变现,在企业清算之日预期出卖车辆可收回的快速变现价格。具体来说主要根据旧机动车技术状况,运用现行市价法估算其正常价值,再根据处置情况和变现要求,乘以一个折扣率,最后确定评估价格。

二、处置清算法的原理

清算价格法在原理上基本与现行市价法相同,所不同的是迫于停业或破产,清算价格往往大大低于现行市场价格。这是由于企业被迫停业或破产,急于将车辆拍卖、出售。因此,从严格意义上讲,清算价格法不能算为一种基本的评估方法,只能算是现行市价法、重置成本法、收益现值法的具体运用。

三、应用范围和应用前提

1. 处置清算法应用范围

清算价格法适用于企业破产、抵押、停业清理时要售出的车辆,见图 5-4。

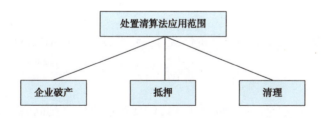

图 5-4 处置清算法应用范围

1) 企业破产

企业破产是指当企业或个人因经营不善造成严重亏损,资不抵债时,企业应依法宣告破产,法院以其全部财产依法清偿其所欠的债务,不足部分不再清偿。

2) 抵押

抵押是指企业或个人为了进行融资,用自己特定的财产为担保向对方保证履行合同义务的担保形式。提供财产的一方为抵押人,接受抵押财产的一方为抵押权人。抵押人不履行合同时,抵押权人有权利将抵押财产在法律允许的范围内变卖,从变卖抵押物价款中优先获得赔偿。

3）清理

清理是指企业由于经营不善导致严重亏损,已临近破产的边缘或因其他原因将无法继续经营下去,为弄清企业财物现状,对全部财产进行清点、整理和查核,为经营决策(破产清算或继续经营)提供依据,以及因资产损毁、报废而进行清理、拆除等的经济行为。

在上述三种经济行为中若有旧机动车进行评估,则可用清算价格作为标准。

2. 处置清算法应用前提

以清算价格法评估车辆价格得到的前提条件有:
(1)评估车辆必须具有法律效力的破产处理文件或抵押合同及其他有效文件为依据;
(2)车辆在市场上可以快速出售变现;
(3)所卖收入足以补偿因出售车辆的附加支出总额。

四、处置清算法评估的程序

(1)用其他评估方法确定旧机动车底价;
(2)根据相关因素确定折扣率(或快速变现系数);
(3)确定被评估车辆的清算价格。

五、决定清算价格主要因素

由于采用清算价格进行评估的车辆,通常要在较短的期限内将车辆变现,因此其价格往往低于现行市价,这是快速变现原则决定的。清算价格的高低一般与以下几方面因素有关:

1. 企业破产形式

如果企业完全丧失车辆的处置权,无法讨价还价,占有主动权的买方必然会尽力压低价格,以从中获益;如果企业尚有讨价还价的余地,则车辆的价格就有可能高些。

2. 车辆的拍卖时限

车辆的拍卖时限越短,车辆的清算价格就可能越低;反之,若拍卖的时限较长,车辆的价格就可能高些。

3. 车辆(参照物)的现行市价

与被拍卖车辆相同或类似的车辆(参照物)的现行市价价格越高,被拍卖车辆的清算价格通常也会高些;反之,被拍卖车辆的价格就会低些。

4. 车辆的拍卖方式

若车辆与破产企业的其他资产一起整体拍卖,其拍卖值可能会高于包括车辆在内的各单项资产变现价值之和。

5. 债权人的处置方式

公开拍卖或收回已有,处置方式不同,价格也会有所区别。

6. 车辆的拍卖方式

若车辆与破产企业的其他资产一起整体拍卖,其拍卖值可能会高于包括车辆在内的各单项资产变现价值之和。

7. 清理费用

在破产等评估车辆价格时,应充分考虑清理费用等成本。

操作指引

1. 组织方式

(1)场地设施:理论教室。
(2)设备设施:必要桌椅。
(3)工量具:计算器。

2. 操作要点

(1)穿着干净整齐的工作服。
(2)遵守场地教室管理。

任务实施

旧机动车计算清算价格的方法主要有现行市价折扣法和意向询价法以及竞价法。

1. 现行市价折扣法

现行市价折扣法是指对清理车辆,首先在旧机动车市场上寻找一个相应的参照物,然后根据快速变现原则固定一个折扣率或者快速变现率,并据此确定其清算价格。

根据任务描述,可以按照以下步骤计算:

1)用现行市价法确定旧机动车底价

根据行驶公里数和车辆外观和发动机等技术状况看来,该车辆原投入出租营运,还算正常使用、维护之列。该辆二手日产轩逸,目前同款旧机动车在市场上价格约为 10 万元。按照现行市价法可以确定底价为 10 万元。

2)根据相关因素确定折扣率(或快速变现率)

根据程序,该车辆要求在 3 天内清算处理。因处理时间仓促,据调查,折价 20% 可以当即出售,故确定折扣率为 20%。

3)确定被评估车辆的清算价格

$$清算价 = 底价 \times (1 - 折扣率) = 10 \times (1 - 20\%) = 8(万元)$$

2. 意向询价法

意向询价法是指根据向被评估车辆的潜在购买者询价的办法取得市场信息,最后经评估人员分析确定其清算价格的一种方法。用这种方法确定的清算价格受供需关系影响很大。

根据任务描述,可以按照以下步骤计算:

破产清算小组通过征询 5 个个人,3 个旧机动车中介,2 家单位,得到估价平均值为 8.2 万元,因该车新车价有所下降,清理时值车展,故确定其清算价格为 8 万元。

3. 竞价法

竞价法是指由法院按照法定程序（破产清算）或由卖方根据评估结果提出一个拍卖底价,在公开市场上由买家竞争出价。

 **任务小结**

（1）从严格意义上讲,清算价格法不能算为一种基本的评估方法,只不过是降低价格而达到快速变现,其最终还是运用现行市价折扣法和意向询价法以及竞价法等手段来实现。

（2）根据任务描述,可以将该二手日产轩逸放到淘宝拍卖、拍车宝等平台进行拍卖。有些旧机动车网络拍卖平台,线上拍卖的车辆通过线下实体店实现交易和过户。网络拍卖平台的车辆,均经过150项车况鉴定,并有"鉴定失误原价退车"的保障。除了车况透明,网络拍卖平台还有价格合理、交易快捷、交易安全的特点,是个跨区域的旧机动车快速交易平台。各地的车商和客户均可以通过网络拍卖平台,足不出户地在全国范围内买卖车辆。

（3）处置清算法在现实生活中有新的表现,如公车改革导致的拍卖等,其受影响因素较多,包括时限、市场情况、物价变动等。

学习任务六　旧机动车评估报告及交易

 任务概述

旧机动车鉴定评估报告及交易是指旧机动车鉴定评估机构按照评估工作制度有关规定,在完成鉴定评估工作后向委托方或有关方面提交的说明旧机动车鉴定评估过程和结果的书面报告。它是按照一定格式和内容来反映评估目的、程序、依据、方法、结果等基本情况的报告书。也是旧机动车鉴定评估机构履行评估合同情况的总结,还是旧机动车鉴定评估机构为其所完成的鉴定评估结论承担相应法律责任的证明文件;通过教学对旧机动车评估的各知识点综合运用,并形成规范完整的报告;在旧机动车交易环节,学习旧机动车交易合同的作用、基本要求,旧机动车交易合理流程,旧机动车过户。

主要学习任务

1. 旧机动车鉴定评估报告基础知识
2. 撰写旧机动车鉴定评估报告
3. 旧机动车交易

子任务1　旧机动车鉴定评估报告基础知识

 任务描述

某客户委托二手车评估机构对自己的爱车进行了价值估算,现需要机构出具完整的评估结果,请完善旧机动车鉴定评估报告。

 学习目标

(1)能说明旧机动车鉴定评估报告书的作用。
(2)能描述旧机动车鉴定估价报告的基本要求。
(3)能描述旧机动车鉴定评估程序。
(4)能描述旧机动车手续检验内容与方法。
(5)能在规定时间内判断旧机动车手续、车辆是否合法,能否评估。

建议学时:3学时。

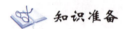 知识准备

一、旧机动车鉴定评估报告书的作用

旧机动车鉴定评估报告书是旧机动车评估工作的总结,也是旧机动车价格的公正性文件和旧机动车交易双方认定旧机动车价格的基本依据。

现阶段旧机动车交易、产权转移,除属国有资产的旧机动车外,旧机动车鉴定评估应本着买卖双方自愿的原则。具体可作为:①产权交易变动的作价基本依据;②司法确认财产价格依据;③支付评估费用的依据。

二、旧机动车鉴定估价报告的基本要求

(1)鉴定估价报告必须依照客观、公正、实事求是的原则由旧机动车鉴定评估机构独立撰写,如实反映鉴定估价的工作情况。

(2)鉴定估价报告应有委托单位(或个人)的名称、旧机动车鉴定评估机构的名称和印章,旧机动车鉴定评估机构法人代表或其委托人和旧机动车鉴定估价师的签字,以及提供报告的日期。

(3)鉴定估价报告要写明评估基准日,并且不得随意更改。所有在估价中采用的税率、费率、利率和其他价格标准,均应采用基准日的标准。

(4)鉴定估价报告中应写明估价的目的、范围、旧机动车的状态和产权归属。

(5)鉴定估价报告应说明估价工作遵循的原则和依据的法律法规,简述鉴定估价过程,写明评估的方法;法律、法规依据应包括车辆鉴定评估的有关条款、文件及涉及车辆评估的有关法律、法规等。

(6)鉴定估价报告应有明确的鉴定估算价值的结果,鉴定结果应有旧机动车的成新率,应有旧机动车原值、重置价值、评估价值等。

(7)鉴定估价报告还应有齐全的附件。

三、旧机动车鉴定评估程序

旧机动车鉴定评估程序如图 6-1 所示。

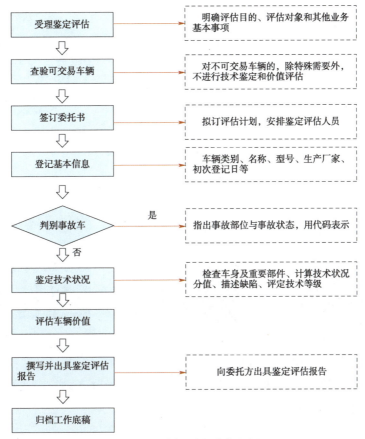

图 6-1　旧机动车鉴定评估作业流程

四、旧机动车手续检验

在旧机动车市场,不可避免会出现一些来历不明或者存在问题的车辆,不论是鉴定评估人员还是买旧机动车的客户,都需要掌握鉴别车辆合法性的方法。

在车辆的识伪及交易陷阱的识别中,检查车辆的各种证件和税费证明就成了不可或缺的一个环节。

无论是旧机动车还是新车,均应按照国家有关法律和法规办理相关的有效证件和缴纳各种税、费,汽车凭这些有效证件和税费才能上路行驶。

旧机动车手续包括:机动车登记证、机动车行驶证、机动车购置税证、机动车年审合格证及有效时间、机动车绿标(环保标)及有效时间、车主身份证(图6-2)。

机动车车牌、机动车 VIN 码、机动车发动机号码、机动车保险及有效时间、机动车税费及有效时间。

1. 车辆的登记证明

机动车登记证书是车辆所有权的法律证明,由车辆所有人保管,不随车携带。此后办理转籍过户等任何车辆登记时都要求出具,并在其上记录车辆的有关情况,相当于车辆的身份证,目前机动车登记证书可以作为有效资产证明,到银行办理抵押贷款。

图 6-2　旧机动车手续材料

机动车登记证书是旧机动车评估人员必须认真查验的手续,与机动车行驶证相比,内容更详细,一些评估参数必须从机动车登记证书(图 6-3~图 6-5)中获取,如使用性质的确定等。

图 6-3　机动车登记证书封面　　　　图 6-4　机动车登记证书内页

注意核对车辆所有人、车辆所有人身份证号、车辆型号、入户时间、号牌、VIN、发动机号、车辆是否是原车主所有及过户记录（一般非原车主的车辆,市场认可价格低于原车主车辆价格）。

2. 机动车行驶证

机动车行驶证是由公安车辆管理机关对机动车辆进行注册登记核发的证件,是机动车取得合法行驶权的凭证,是随车必备文件之一。也是旧机动车过户、转籍必不可少的证件。

检查时,不仅要核对正页的车主、17位识别代码、发动机号和车架号等,而且要认真检查副页的内容。副页注明了年检的有效日期,并注意日期是否失效。

如何鉴定行驶证的真伪呢？主要有如下三点：

首先,国家对行驶证的制作,也有统一的规定,为了防止伪造行驶证,行驶证塑料封套上有用紫光灯可识别的不规则的与行驶证卡片上图形相同的暗记,并且行驶证上按要求粘贴车辆彩色照片,因此对机动车行驶证最好的识伪方法就是查看识伪标记。

其次,查看车辆彩照与实物是否相符。

最后对行驶证上的印刷字体字号、纸质、印刷质量与车辆管理机关核发的行驶证式样进行比较认定。一般情况下,伪造行驶证纸质差、印刷模糊。最常见的伪造是行驶证副页上的检验合格章,车辆没有按规定时间到车辆管理机关办理检验手续,私自加盖,参见图6-6。

图6-5 机动车登记证书变更登记

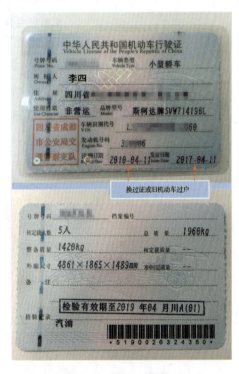

图6-6 行驶证的鉴别

3. 车辆保险单

国家法律规定,车辆必须有交强险方能合法上路行驶,检查车辆保险单时注意有无交强险、车牌号、VIN 码、发动机号、厂牌型号是否与本车相符,是否在保险有效期内,车辆商业险的种类及保额;前风挡玻璃应粘贴有交强险标志。

4. 车辆车检合格标记

5. 车辆废气排放合格证明(绿标)

6. 车主身份证

车主与车辆出售者是否为同一人,有无代理证明。

7. 车辆购置税完税证明、车辆车船使用税证明、当地路桥费交纳证明

8. 购车发票(即车辆来历证明)

有些地区旧机动车交易过户须提供车辆来历证明。

9. 营运车辆营运资格证明

要检查各种证明与车辆是否相符,是否在有效期内,还要注意交易车辆入户地区对车辆排放标准的要求,目前国内绝大部地区对非本地旧机动车入户本地车辆都要求废气排放是国Ⅳ标准。

对车辆证件、税费有疑义的有必要到相关部门咨询、查验,避免车辆评估与交易风险,参见表6-1。

旧机动车评估、交易车辆判别表　　　　表6-1

序 号	检 查 项 目	判 别
1	是否达到国家强制报废标准	否 是
2	是否为抵押期间或海关监管期间	否 是
3	是否为人民法院、检察院、行政执法等部门依法查封、扣押期间的车辆	否 是
4	是否为通过盗窃、抢劫、诈骗等违法犯罪手段获得的车辆	否 是
5	发动机号与机动车登记证书登记号码是否一致,且无凿改痕迹	是 否
6	车辆识别代号或车架号码与机动车登记证书号码是否一致,且无凿改痕迹	是 否
7	是否走私、非法拼组装车辆	否 是
8	是否法律法规禁止经营的车辆	否 是

1~8项只要有一项以上是否定的情况,则不能评估与交易。

操作指引

1. 组织方式

(1)场地设施:理论教室。

(2)设备设施:必要桌椅。

(3)工量具:相关记录表、手写板。

2. 操作要求

(1)穿着干净整齐的工作服。

(2)遵守场地教室管理。

 任务实施

(1)课前准备理实一体化教室、手续完备的车辆、车辆手续复印件、车辆的合法性检查项目及记录表。

(2)学生了解旧机动车鉴定评估程序后,互动讨论车辆的合法性检查所处的位置与地位。

(3)课前或课中适当时间,将车辆手续复印件、车辆的合法性检查项目及记录表发给学生。

(4)可在车辆手续讲解过程中让学生核对手头上的车辆手续,并确认车辆手续是否完整有效。

(5)互动讨论车辆手续不完整或某些手续失效、过期的后果,有无补救办法?

(6)验证车辆与车辆手续是否对应。

(7)填写车辆的合法性检查项目及记录表(表6-2)。

车辆的合法性检查项目及记录表　　　　　表6-2

车辆登记证		车辆过户	
行驶证		年检及有效期	
车主姓名		排放标准	
售卖人身份证		入户城市要求排放标准	
车主身份证		保险及有效期	
违章		路桥费及有效期	
购置税		车船使用税及有效期	

任务小结

(1)学习与理解了什么情况下需要旧机动车评估报告。

(2)学习与理解了旧机动车评估程序。

(3)重点学习与掌握旧机动车合法性检查及注意事项。

子任务 2　撰写旧机动车鉴定评估报告

任务描述

　　学习旧机动车评估报告的格式要求,通过对指定的旧机动车技术参数收集、旧机动车有关的价格信息收集,完成旧机动车手续检验、旧机动车车况检查、旧机动车车况等级评定,完成旧机动车车况鉴定、旧机动车评估报告。

学习目标

(1)能描述指定的旧机动车的结构特点。
(2)能说明旧机动车有关的价格信息收集的途径,能分析价格信息的可靠性。
(3)能在规定时间内完成旧机动车技术状况鉴定并撰写旧机动车技术状况鉴定报告。
(4)能在规定时间内完成撰写旧机动车评估报告。
建议学时:3学时。

知识准备

一、旧机动车评估报告

　　旧机动车评估一般包含三个核心问题:就是旧机动车是否合规合法、旧机动车车况、旧机动车价格。

1.评估报告的基本要求

1)通俗易懂
　　评估报告不是学术论文,要普通车主都能看明白,因此要将专业化的评估报告用简洁通俗的表达方式呈现出来。

2)表达准确
　　评估报告不可用中性的语言或能够让人产生不同理解的语言表达,例如:成新率80%,看似准确,实际上不同的人有不同的看法和不同的解释,如果出现在评估报告中,势必引起和客户的矛盾,造成交易失败。因此,评估报告必须表达准确,每一项结论任何人都只能产生一种解释。

3)逻辑性强
　　评估报告要有严密的逻辑性,不能前后矛盾、彼此矛盾,每一项结论的获得,其条件必须确实具备。

4)实事求是
　　评估报告不可用推理或假定的条件给出结论,要以事实说话,不可无事生非,比如为了

压低收购价格而夸大损伤和维修成本等。

5）全面无遗

评估报告要全面反映所评估车辆的技术、使用、身份、所有权和交易价格等状况，不可遗漏，否则就可能造成错误决策，给公司带来经济损失或者失去客户。

2. 评估报告的主要内容及格式

1）封面、首部

首部包含标题和报告书的序号。报告书序号应符合公文的要求，包括评估机构特征字、公文种类特征字、年份和文件序号等。

2）绪言

绪言写明该评估报告委托方的全称、受委托评估事项及评估工作的整体情况。

3）委托方与车辆所有方简介

写明委托方、委托方联系人的名称、联系电话及住址、车主名称等信息。

4）鉴定评估的目的

5）鉴定评估对象

在评估报告中最重要的一部分内容就是评估标的的关键信息，如车辆 VIN 码、发动机号、车辆首次登记注册时间、使用性质（公车、私车、营运、非营运）、表征里程、车牌号码、发动机排量、变速箱形式、车身颜色、内饰颜色、年审检验合格有效日期、车辆购置税起征码和车辆使用税缴纳有效期。

6）鉴定评估基准日

7）评估原则

8）评估依据

评估依据一般包括行为依据、法律性依据、产权依据和评定及取价依据等。

9）评估方法及计算过程

需要简要说明评估过程中所选择和使用的评估方法；简要说明选择评估方法的依据；评估时若采用一种以上的评估方法，应适当说明原因；简要说明各种评估方法的计算步骤等。

10）评估过程

11）评估结论

给出被评估车辆的评估价格、金额（大、小写）。

12）特别事项说明

13）评估报告的法律效力

揭示评估报告的有效日期，特别提示评估基准日的期后事项对评估结论的影响。

14）鉴定评估报告的提出日期

写明评估报告应提交委托方的具体时间，评估报告原则上应在评估基准日后 1 周内提出。

15）附件

在评估报告后部必须附有评估中使用的工具表格，如旧机动车鉴定评估委托书、旧机动车鉴定评估作业表、车辆行驶证、车辆购置税、车辆登记证书复印件和旧机动车鉴定评估师资格证书复印件。鉴定评估机构营业执照复印件、鉴定评估机构资质复印件和旧机动车照片等。

图 6-7 是旧机动车鉴定评估报告影印件。

图 6-7　旧机动车鉴定评估报告

二、旧机动车评估报告案例与评估报告示范

1. 评估丰田新 RAV4

1）检查车辆手续合法性（√为良好、正常、无异常）

车辆的合法性检查项目及记录表见表 6-3。

车辆的合法性检查项目及记录表　　　　　　　　　　表 6-3

车辆登记证	√	车辆过户	一手车
行驶证	√	年检	√，有效期到 2018 年 5 月
车主姓名	√	排放标准	国 Ⅳ
售卖人身份证	√	入户城市要求排放标准	同城过国Ⅰ；（注：外地车迁入要国Ⅳ，北京等几个大城市除外）
车主身份证	√	保险	√，有效期到 2017 年 5 月
违章	√	路桥费	√，有效期到 2017 年 12 月
购置税	√	车船使用税	√，有效期到 2017 年 5 月

2）车辆信息

车辆信息项目及记录表见表 6-4。

车辆信息项目及记录表　　　　　　　　　　表 6-4

车辆名称	丰田新 RAV4	车辆型号	CA..	座位	5 座
车辆颜色	白色	燃料	93 号汽油	车籍	南宁市
发动机特点	双 WTI	底盘特点	适时四驱	电气特点	氙气灯
汽车生产日期	2014.05	入户日期	2014.05	发动机排量及功率	2.5L、132kW
变速器	6 速手自一体		其他配置特点	双天窗、一键起动等	

3）车辆技术状况静态检查（√为良好、正常、无异常）

车辆技术状况静态检查项目及记录见表 6-5 和图 6-8～图 6-32。

车辆技术状况静态检查项目及记录表 表6-5

大类	子类	项目	检查	项目说明	检查项目	结果
发动机静态检查		冷起动	√	发动机舱各总成的新旧情况、整齐牢固度、漏油水情况、估测折旧率	发动机舱各种螺丝是否被拧动	气门室盖、发动机座螺丝有拧动痕迹
		热起动	√		发动机舱各板件、梁的变形、喷漆、补焊情况	无
		急速	√		发动机舱有无各种说明纸贴	√
		中速	√		车架号（VIN码）	LFM…
					发动机号	4H…
		高速	√		漏油、漏水情况	无
		加速	√		检查油、水	无
		尾气颜色、气味	正常		减振器座、前纵梁、水箱框架有无变形、钣金、补漆情况	无
仪表及报警装置检查（冷却液温度、燃油、车速、转速、报警灯工作情况、里程表显示行驶里程）			√ 表里程 15231km	发动机舱各总成的新旧情况、整齐牢固度、估测折旧情况		符合准新车标准，很少的折旧
开关工作专职检查	空调	制冷情况	√		灯光	√
		出风温度	√		雨刮	√
		内外循环	√		中控锁	√
		异响	无		电动窗	√
		调温正常 风量 风向	√		电动后视镜	√
					音响	√
					座椅	√
		异味	无明显异味		安全带等	√
内饰		新旧程度	准新车	座椅	调节	√
		脏污	无明显脏污		松动	无
		松脱	无		异味	无明显异味
		磨损损坏	无		座椅凹陷弹性	无
		牢固度	√		座椅面料磨损情况	无明显磨损
		损坏	无			
操纵机构		驻车制动	√		转向盘	√
		制动踏板	√		变速杆	√
		离合踏板	无		异响	无
		踏板行程	无明显磨损		松动	无
		自由行程	正常		自由行程	正常

续上表

	车漆折旧情况	右前翼子板	补漆变色	无
	重新喷漆痕迹	右A柱	螺钉是否拧过	无
车身外观检查	车接缝均匀度、高低平整度、牢固度，车身外接件的牢固度	翼子板与前保险杠接缝不均匀，牢固度√		
	玻璃型号及生产日期，有无换玻璃	2014.03，左后车窗更换玻璃		
	车身周正，前、后、左、右看车身周正情况、车轮与轮眉的距离，必要时与新车比较	正常		
	车盖、车门开合顺畅异响情况；有无变形、喷漆、补焊情况，活翼螺钉是否拧过	无		
	车门、车门框、ABC柱变形、喷漆、钣金补焊情况	A柱喷漆，其余正常		
	尾箱盖、尾箱门框、备胎座变形、钣金补焊、补漆情况	无		
	车灯松动？车灯变色老化	无		
检查汽车车身底盘底板	变形	无		
	腐蚀	无		
	碰撞	无		
	焊接	无		
	制动盘、制动片磨损情况，推测的行驶里程	√ 表的行驶里程为实际行驶里程		
	发动机、变速器、减振器，漏油、漏水，(漏油注意发动机前后油封、变速器、转向、半轴)	无		
	轮胎磨损程度、伤痕、变形、偏磨情况	无		
	轮胎生产日期，推测的行驶里程	原装胎，推测的行驶里程为表里程		
	漏油、漏水情况	无		
询问车主	正时皮带、火花塞、减振器、制动片、制动液、冷却液更换情况	无更换		
	车辆的主要用途	私家车		
	车辆交易过户次数	一手车		
	维护地点，是否4S店维护是否支持4S店调挡查询	4S店维护，支持4S店调挡查询		
	公里数	15231km		
	是否事故车、水泡车等	否		
	事故大小及部位	车身右A柱、右翼子板轻微刮碰		

图6-8　减振器座无重新喷漆、无钣金、无补焊、螺母无拧动

图6-9　发动机无漏油　　　　　图6-10　气门室盖螺钉拧动痕迹

图6-11　无漏水、折旧轻微符合准新车　　　图6-12　熔断丝盒无泡水痕迹

图6-13　水箱上框架无更换、无变形、无补漆、无钣金　　　图6-14　前纵梁水箱框架无更换、无变形、无补漆、无钣金

图6-15 左右前翼子板与前保险杠接缝不均,但接合牢固,无喷漆为原车

图6-16 右前门擦伤,车身覆盖有其他微小车漆受伤

图6-17 车灯无老化变色,车灯牢固

图6-18 拆车门密封胶条检查,门框A、B、C柱无更换、无变形、无补漆、无钣金(前右A柱除外)

图6-19 内饰干净,磨损极小符合准新车

图6-20 座椅无异味、无污损、磨损极小符合准新车

图6-21 接通点火开关时的仪表及指示(报警)灯,正常

图6-22 接通点火开关4s后的仪表及指示(报警)灯,正常

图6-23　发动机工作仪表及指示(报警)灯,正常

图6-24　空调、音响、各电气设备工作正常

图6-25　踏板磨损很少

图6-26　座椅下部无水泡痕迹

图6-27　行李舱各死角缝隙无水泡痕迹

图6-28　车辆底盘无漏水漏油、无变形、无补焊、无钣金、无喷漆

图6-29　车身底盘下边梁无变形、无补焊、无钣金、无喷漆

图6-30　制动盘磨损轻微

图6-31 制动摩擦片轻微磨损

图6-32 轮胎磨损轻微、无偏磨、无伤痕,原装车胎

2. 车辆技术状况动态检查

车辆技术状况动态检查项目及记录见表6-6和图6-33。

车辆技术状况动态检查项目及记录表　　　　表6-6

发动机		急速、中速、高速大负载时的声音,响应、异响、力量情况	√,无异响
底盘	起步	起步响应、平顺性、异响	√,无异响
	加速	加速声音,响应、异响、力量情况	√,无异响
	换挡	各挡位换挡点、平顺性、异响	√,无异响
	制动	制动力量、随动性、异响	√,无异响
	转向	方向稳定性、转向力度、转向随动性、异响、回位等	√,无异响
	滑行	滑行顺滑性、异响等	√,无异响
	不平路面行驶	异响、振动	无不正常振动异响
电气及工作装置		检查空调、仪表等工作情况	√
车身及内饰		车身及内饰异响等	√

试驾良好,发动机有力,起步平顺,换挡及时且平稳,方向随动性好,不跑偏,制动随动性好,紧急制动有力,不平路面无异响,减振良好。

图6-33 试驾

根据以上做出的实际评估,接下来就是书写技术状况报告和评估报告了,表6-7和图6-34是本次评估的技术状况报告和评估报告。

丰田新 RAV4 技术状况报告

表 6-7

	项目				
车辆基本信息	厂牌型号	丰田新 RAV4		牌照号码	桂 A……
	发动机号	……		VIN 码	………………
	初次登记期	2014 年 5 月 20 日		表征里程	1.5 万 km
	品牌名称	一汽丰田	□国产√ □进口	车身颜色	白色
	年检证明	□有√(至 2018 年 5 月) □无		购置税证书	□有√ □无
	车船税证明	□有√(至 2017 年 5 月) □无		交强险	□有√(至 2017 年 5 月) □无
	使用性质	□营运用车 □出租车 □公务用车 □家族用车√ □其他			
	其他法定凭证、证明	□机动车号牌√ □机动车行驶证√ □机动车登记证书√ □第三者强制保险单√ □其他			
	车主名称/姓名	张*		企业法人证书代码/身份证号码	450******* *********
重要配置	燃料标号	V92 号(93)号	排量	2.5	缸数	4
	发动机功率	132kW	排放标准	国 4	变速器形式	6A/MT
	气囊	6 个	驱动方式	4 驱	ABS	□有√ □无
	其他重要配置	适时 4 驱、ESP、电动天窗、倒车影像、氙气前照灯				
事故车	□是 □否√		损伤位置及损伤状况	车身覆盖件车漆有 4 处微小损伤		
鉴定结果	分值	96 分		技术状况等级	一级(分值≥90)	

	鉴定科目	鉴定结果(得分)	缺陷描述
车辆技术状况鉴定缺陷描述	车身检查	17 分(满分 20 分)	前右 A 柱、有修复喷漆面积大于 100mm×100mm 并小于或等于 200mm×300mm(扣 1 分)、前右翼子板有修复喷漆面积大于 100mm×100mm 并小于或等于 200mm×300mm(扣 1 分)、前保险杠划痕面积小于或等于 100mm×100mm 的损伤(扣 1 分)
	发动机检查	19 分(满分 20 分)	拧动气门室盖螺母(扣 5 分)
	车内检查	10 分(满分 10 分)	无
	起动检查	20 分(满分 20 分)	无
	路试检查	15 分(满分 15 分)	无
	底盘检查	15 分(满分 15 分)	无

旧机动车鉴定评估师:×××

鉴定单位:(盖章)

鉴定日期:2016 年 7 月 10 日

声明:

本旧机动车技术状况表所体现的鉴定结果仅为鉴定日期当日被鉴定车辆的技术状况表现与描述,若在当日内被鉴定车辆的市场价值或因交通事故等原因导致车辆的价值发生变化,对车辆鉴定结果产生明显影响时,本技术状况鉴定说明书不作为参考依据。

说明:

本旧机动车技术状况表由旧机动车经销企业、拍卖企业、经纪企业使用,作为旧机动车交易合同的附件。车辆展卖期间,放置在驾驶室前风挡玻璃左下方,供消费者参阅。

图6-34 评估报告

操作指引

1. 组织方式

(1)场地设施:理论教室。

(2)设备设施:必要桌椅、电脑及上网环境。

(3)工量具:车辆手续复印件、相关记录表、手写板。

2. 操作要点

(1)穿着干净整齐的工作服。

(2)遵守场地教室管理。

 任务实施

1. 课前准备

(1)理实一体化教室。

(2)手续完备的4~8台车辆及车辆手续复印件。

(3)车辆举升设备、手电筒、漆面厚度检验仪、试车道路。

(4)车辆信息项目及记录表、车辆技术状况静态检查项目及记录表、车辆技术状况动态检查项目及记录表、旧机动车技术状况报告、旧机动车鉴定评估报告。

2. 知识准备讲授

(1)布置旧机动车鉴定评估任务,明确旧机动车鉴定评估步骤与要求,学生分组。

(2)在上次课旧机动车手续及合法性检查的基础上,进一步核验评估旧机动车信息、车型、配置。

(3)通过网络、电话查询与评估旧机动车同车型的新车最低售价。

(4)通过网络、市场查询与评估旧机动车同车型、同年份的旧机动车现行市价。

(5)学生分组静态检查评估旧机动车技术状况。

(6)指导教师动态检查测试评估旧机动车技术状况,并将情况反馈给学生。

(7)学生分析汇总评估旧机动车技术状况,确定旧机动车技术状况等级。

(8)学生分别用重置成本法、现行市价法计算旧机动车价格(价值),选择相对合理的旧机动车价格(价值)评估方法,根据旧机动车技术状况等级、市场情况、地区差异、车型配置调整并确定旧机动车价格。

(9)学生撰写旧机动车评估报告(附旧机动车技术状况报告)。

(10)讨论点评旧机动车技术状况、旧机动车技术状况等级、旧机动车价格合理性。

 任务小结

通过本次学习任务

(1)理解了旧机动车评估全过程。

（2）在理解的基础上,动脑动手基本上完整练习了旧机动车评估全过程,包括旧机动车手续及合法检查,查验旧机动车车型及配置,旧机动车车况静态检查,了解旧机动车车况动态检查结果,旧机动车技术状况等级确定,旧机动车同车型新车价格查询,旧机动车现行市价查询,选择相对合理的旧机动车价格(价值)评估方法计算价格,根据旧机动车技术状况等级、市场情况、地区差异、车型配置调整确定旧机动车价格,撰写旧机动车评估报告(图6-35)等。

图6-35　旧机动车鉴定评估报告

（3）要较熟练地掌握旧机动车评估,还必须多练习,评估不同品牌、不同车况、不同年份的旧机动车。

（4）如果没有旧机动车车况动态检查测试,就存在较大漏洞,可能造成大的失误,学生即使有了驾驶证而没有驾驶经验也无法较准确判断车况。

子任务3　旧机动车交易

 任务描述

学习旧机动车交易合同的作用与意义,理解旧机动车交易合同基本要求与格式,明确交易双方权利与义务,合同一经签订就成为约束各方的法律,同时也是解决双方纷争的依据。

理解旧机动车交易、旧机动车过户流程和步骤。

旧机动车评估报告及交易 学习任务六

 学习目标

(1)能说明交易合同的作用与意义;
(2)能说明旧机动车交易合同基本要求与格式;
(3)能描述旧机动车交易的过程与步骤。
建议学时:2 学时。

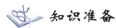 知识准备

一、旧机动车交易合同

1.旧机动车交易合同要点

(1)交易参与人。
(2)交易物品的数量型号、规格、参数。
(3)交易物品价格。
(4)交易流程及支付方式。
(5)质量保证方式。
(6)时间约定。
(7)违约责任划分及处理。

2.旧机动车交易合同(图6-36)

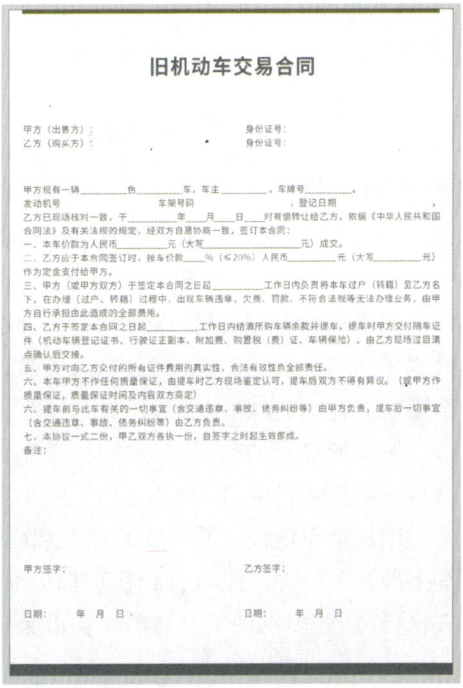

二、旧机动车辆交易流程

除了旧机动车拍卖、竞价,无论是通过网络的旧机动车信息发布、信息沟通、买卖,还是面对面的旧机动车信息沟通、买卖旧机动车辆交易一般的流程见图6-37。

(1)了解意向交易车辆定位,包括用途、价格、车身尺寸、车重、发动机、变速器等主要性能和主要配置情况。

(2)车辆评估,或询价、谈价、检验车辆、检验证件、试车交替循环进行,确定交易价格(包括交易税费及过户费)。

(3)查实该车是否抵押、法院封存。

(4)查验违章记录。

(5)车辆交易双方商定购车款、过户、交车方式及流程,一般交易风险较小的方式是签订购车合同时交购车定金,在限定时间内过户,然后一手交钱一手交车及车的合法手续。

图6-36 旧机动车交易合同

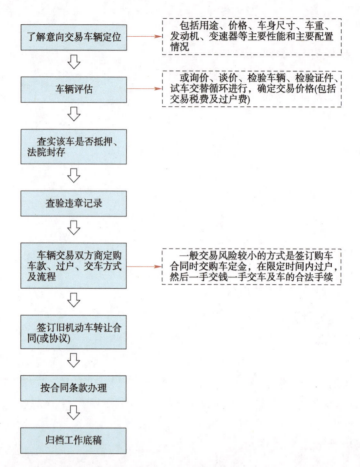

图 6-37 交易流程图

(6)签订旧机动车转让合同(或协议)。

(7)按合同条款办理。

旧机动车电商交易(O2O)有多类模式,较典型的是通过互联网平台在第三方旧机动车检测评估基础上的旧机动车拍卖、竞价,高价者得,无论买方或卖方违约,扣违约金,交易资金第三方托收,互联网平台还提供送车上门及代办入户服务。

还不能确定的是:第三方旧机动车检测评估结论的可信度?但做旧机动车电商互联网平台一般都提供旧机动车质保,有些声明旧机动车交易七天无理由退换货。

旧机动车电商交易(O2O)模式(图6-38)是一种创新,发展快、前景好,其已经在当前市场上展露了巨大的生机,而且其在市场经济方面所引领的效应正在凸显,预计在不久的未来,这种新的旧机动车交易模式会带来新一轮冲击。

三、旧机动车过户流程和步骤

全国各地旧机动车过户流程步骤大体一致,具体方面有所差异。

(1)车管所前台说明车辆过户,并前台领机动车转移注销登记申请表,填写好申请表。

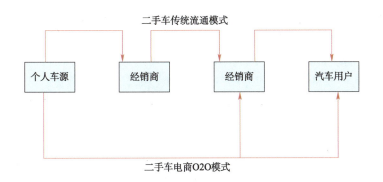

图 6-38 电商交易(O2O)模式

（2）交旧机动车交易税，根据车管所提示上交材料，初审受理。

（3）拆车牌、拓印车辆 VIN 号、发动机号、车辆拍照。

（4）车管所验车。

（5）买方挑选新车牌号码。

（6）交车辆过户费和新车牌照费，回收行驶证，登记证书；过户制证、发放新的行驶证和机动车登记证书、领取临时车牌。

办理购置附加税证、保险变更手续。

领取正式车牌，安装正式车牌。

四、旧机动车交易常见问题

关于有问题的旧机动车交易常见问题有以下方面：

1. 盗抢车

按照我国法律购买盗抢车，在不知情的情况下需要归还车辆不需要承担刑事责任；

如果在知情的情况下购买则需要承担相应刑事责任；所以要与有资质车商或可信的个人交易旧机动车，检查好车辆手续，签订旧机动车交易合同，及时过户。以免以后的使用中产生不必要的麻烦。

2. 走私车

通过非法途径过来的外国车，逃避高额的关税，私车是没手续的，但通常套牌及伪造车辆手续，购买走私汽车要承担一定的法律责任，对购车人可以根据我国《刑法》第 153 条和 155 条的相关规定，以走私普通货物罪追究其刑事责任，直接向走私人收购走私车的，按走私行为论处。涉及偷逃税额超过 5 万元的（个人走私）或 25 万元（单位走私），构成走私普通货物罪。

3. 套牌车

根据修改后的道路交通安全法，伪造、变造或者使用伪造、变造的机动车登记证书、号牌、行驶证、驾驶证的，由公安机关交通管理部门予以收缴，扣留该机动车，处十五日以下拘留,并处二千元以上五千元以下罚款;构成犯罪的,依法追究刑事责任。修改后的道路交通安全法规定,伪造、变造或者使用伪造、变造的检验合格标志、保险标志的,由公安机关交通管理部门予以收缴,扣留该机动车,处十日以下拘留,并处一千元以上三千元以下罚款;构成犯罪的,依法追究刑事责任。使用其他车辆的机动车登记证书、号牌、行驶证、检验合格标志、保险标志的,由公安机关交通管理部门予以收缴,扣留该机动车,处二千元以上五千元以下罚款。

4. 拼装车

驾驶拼装的机动车或者已达到报废标准的机动车上道路行驶的,公安机关交通管理部门应当予以收缴,强制报废,对驾驶前款所列机动车上道路行驶的驾驶人,处二百元以上二千元以下罚款,并吊销机动车驾驶证。

5. 车辆手续过期或手续遗失的车

通常是年检过期,各地对年检过期处理规定不同,有的地方年检过期时间没逾本年度的不处罚,补办车辆年检即可。税费过期补办通常要收滞纳金。其他证件遗失可补办。

6. 事故车

非自然损耗造成车辆较大伤损,导致机械性能、经济价值下降的事故为事故车;车身覆盖件剐碰面积不大的不算事故车,出售的事故车大多经过维修或翻新。

有以下情景如符合任何一条,即属事故车:

(1)经过撞击,损伤到发动机舱和驾驶舱的车辆。

(2)车尾箱内部有焊接、切割、整形、变形的车辆。

(3)纵梁有焊接、切割、整形、变形的车辆。

(4)减振器座有焊接、切割、整形、变形的车辆。

(5)ABC 柱有焊接、切割、整形、变形的车辆。

(6)因撞击造成汽车安全气囊弹出的车辆。

(7)其他不可拆卸部分有严重的焊接、切割、整形、变形的车辆。

(8)车身经水浸泡超过车身二分之一,或积水进入驾驶舱的车辆。

(9)车身经火焚烧超过 $0.5m^2$,经修复仍存在安全隐患的车辆。

7. 改过公里数的车辆

旧机动车技术状况好坏,一般取决于:

(1)车辆设计与制造质量。

车辆设计或制造质量不好,会造成"车是拿来修的,只是偶尔开开",这话虽说夸张,但也能说明问题。

(2)车辆使用年限。

随着车辆使用年限增加,车辆内饰、漆面、橡胶件、塑料件逐渐老化。造成故障率升高,功能丧失等。

(3)车辆使用条件、使用习惯、使用情况。

路况、单程里程、行车速度、发动机转速、换挡情况、停车场地等诸多因素都会影响旧机动车技术状况。

(4)车辆保修情况。

(5)车辆已用公里数

在其他条件相同的情况下,车辆已用公里数越多,车辆磨损越严重,造成车辆性能下降、故障率升高;旧机动车市场修改旧机动车公里数有一定普遍性,尤其是车龄较长的车。

旧机动车鉴定评估、旧机动车交易按照合理的流程、合理的步骤、合理的方法,就会有高的准确性和成功率,失误很少、失误小。

但要强调的是:旧机动车鉴定评估不能保证100%的准确,比如高明的医生给病人诊断病情,只能保证准确性高而不能保证100%的准确。

 操作指引

1. 组织方式

(1)场地设施:理论教室。

(2)设备设施:必要桌椅。

(3)工量具:相关记录表。

2. 操作要求

(1)穿着干净整齐的工作服。

(2)遵守场地教室管理。

 任务实施

(1)讲解、互动讨论在现实条件下多种旧机动车交易方式的可行性、可靠性及可能存在的风险,交易合同的作用与意义。

(2)讲解、互动讨论旧机动车交易合同基本要求。

(3)讲解旧机动车交易合同格式,互动讨论教师讲授的旧机动车交易合同可能存在的漏洞,对旧机动车交易合同修改或补充。

(4)讲解旧机动车交易过户流程。

(5)学生2人一组,一人设定为旧机动车经销商销售,另一人为买方,课后完成上次课所评估的旧机动车交易合同。

附件一:商务部、发改委、公安部、环境保护部令2012年第12号《机动车强制报废标准规定》

附件二:机动车强制报废标准规定

附件三:黄标车定义

附件四:关于印发2014年黄标车及老旧机动车淘汰工作实施方案的通知

附件五:2014年黄标车及老旧机动车淘汰工作实施方案

附件六:二手车鉴定评估技术规范(国标GB T30323-2013)

 任务小结

通过本次课:

(1)能分析在现实条件下多种旧机动车交易方式的优缺点,旧机动车交易合同的必要性。

(2)能描述旧机动车交易合同要求,对所存在的旧机动车交易合同能判断是否完整及存在的漏洞。

(3)能描述旧机动车交易过户流程。

参 考 文 献

[1] 刘仲国.旧机动车交易与评估[M].北京:机械工业出版社,2010.
[2] 童元秀,潘秀艳.二手车鉴定及评估[M].青岛:中国海洋大学出版社,2010.
[3] 裘文才.二手车评估[M].北京:人民交通出版社,2010.
[4] 陈传灿.二手车鉴定评估[M].北京:高等教育出版社,2012.
[5] 陈传灿.二手车鉴定与评估[M].哈尔滨:哈尔滨工程大学出版社,2012.
[6] 二手车鉴定评估师(国家职业资格4级)[M].北京:中国劳动社会保障出版社,2008.
[7] 杜秀菊,贾长治.二手车鉴定与评估实用教程[M].北京:机械工业出版社,2012.12.
[8] 张南峰,陈述官,黄家辉.二手车评估与交易[M].北京:人民邮电出版社,2010.
[9] 韩建宝.二手车鉴定及评估[M].北京:机械工业出版社,2010.